《山西文華》編纂委員會 編

山西出版傳媒集團
三晉出版社

山西文華·史料編

課歸地丁全案

第一册
卷一至卷二

清 蔣兆奎◎編

圖書在版編目(CIP)數據

課歸地丁全案 / （清）蔣兆奎編. —太原：三晋出版社，2018.8

ISBN 978-7-5457-1757-0

Ⅰ. ①課… Ⅱ. ①蔣… Ⅲ. ①鹽業史—史料— 山西—清代 Ⅳ. ①F426.82

中國版本圖書館 CIP 數據核字(2018)第 219583 號

課歸地丁全案

編　　者：〔清〕蔣兆奎
責任編輯：董潤澤
特約編輯：張仲偉
封扉設計：山西天目·王明自

出 版 者：山西出版傳媒集團·三晋出版社（原山西古籍出版社）
地　　址：太原市建設南路 21 號
郵　　編：030012
電　　話：0351-4922268（發行中心）
0351-4956036（總編室）
0351-4922203（印製部）
網　　址：http://www.sjcbs.cn

經 銷 者：新華書店
承 印 者：山西人民印刷有限責任公司

開　　本：700mm × 1000mm　1/16
印　　張：30.75
字　　數：250 千字
版　　次：2018 年 8 月　第 1 版
印　　次：2018 年 8 月　第 1 次印刷
書　　號：ISBN　978-7-5457-1757-0
定　　價：200.00 圓（全二册）

《山西文華》編纂委員會

出版説明

山西東屏太行，西瀕黄河，北通塞外，南控中原，是中華民族的主要發祥地之一。中華文明輝煌燦爛，三晋文化源遠流長。歷史文獻豐富，文化遺産厚重，形成了兼容並包、積澱深厚、韵味獨特的晋文化。山西省政府決定編纂大型歷史文獻叢書《山西文華》，以彙集三晋文獻、傳承三晋文化、弘揚三晋文明。

《山西文華》力求把握正確方向，尊重歷史原貌，突出山西特色，薈萃文化精華，按照搶救、保護、整理、傳承的原則整理出版圖書。叢書規模大，編纂時間長，參與人員多，特將有關編纂則例簡要説明如下。

一、《山西文華》是有關山西現今地域的大型歷史文獻叢書，分「著述編」「史料編」「圖録編」。每編之下項目平列；重大系列性項目，按其項目規模特徵，制定合理的編纂方式。

二、「著述編」以一九四九年十月一日前山西籍作者（含長期在晋之作者）的著述爲主，兼收今人有關山西歷史文化的研究性著述。

三、「史料編」收録一九四九年十月一日前有關山西的方志、金石、日記、年譜、族譜、檔案、報刊等史料，以影印爲主要整理方式。

四、「圖録編」主要收録一九四九年十月一日前有關山西的文化遺産精華，包括古代建築、壁畫、彩塑、書畫、民間藝術等，兼收古地圖等大型圖文資料。

五、今人著述采用簡體漢字横排，古代著述采用繁體漢字横排。

《山西文華》編纂委員會

出版前言

「課歸地丁」是河東鹽政史上的一次重大改革，也是清代鹽政史上的一個重要事件。所謂「課歸地丁」，就是清政府放棄鹽課由鹽運專商包納的政策，也没有恢復清初由坐商認繳的辦法，而是將國家額定的鹽課任務分攤到河東鹽課管區的地丁税上征收。「課歸地丁」改革，在晋陝豫河東鹽區廢止了鹽引制度，放開了鹽業管制，緩和了官商矛盾，改善了食鹽流通，使陷入困局的河東鹽政重現生機，具有積極的歷史意義。

「課歸地丁」的主持者是山西巡撫馮光熊，主辦者是山西布政使蔣兆奎。乾隆五十五年（一七九〇），山西按察使兼管河東鹽務蔣兆奎秉知山西巡撫海寧河東運商「消乏不堪者實有三十餘家」，海寧正勘辦間，二人皆陞調他處。乾隆五十六年，繼任巡撫書麟諮詢河東鹽運使季學錦稱：「目下竭蹶情形日甚一日，不敢拘泥因循，致虧課食。」因親往運城密查籌辦，又奉旨調離。遂以「河東商力疲乏必須調劑」奏請清高宗。高宗敕下軍機大臣阿桂、和珅等與新任山西巡撫馮光熊謀劃，決定調回熟悉河東鹽務的甘肅布政使蔣兆奎協同詳細勘查，並咨會河南巡撫穆和藺、陝西巡撫秦承恩一體商酌。曾任護理山西巡撫調任河南布政使鄭源璹提出異議，高宗疑其有私，予以警告。擬將接辦鹽務的河東道和明也奏稱「河東官引滯銷商力疲乏，俱係實在情形，應設法調劑」，蔣兆奎在山西時向其講過除攤課入丁外河東鹽政「别無善策」，他自己也認爲「似屬可行」，表態支持。至此，河東鹽法改革的時機已經成熟。

食鹽是關係到國計民生的重要戰略物資。鹽法之變，勢必涉及國家和地方、商人和百姓等各方複雜利益的調整。鹽法不能輕變，然又不得不變。乾隆後期河東鹽政的問題集中表現爲商力不堪，難以爲繼。雖采取换商、增價之策，商人經營不見起色，虧賠更加嚴重。其主要原因可以概括爲以下幾點：一是課費過重。清初河東鹽課歲額十三萬餘兩，到乾隆五十年（一七八五）歲徵正雜銀兩已達五十一萬餘兩，運商承擔的各種課費增長了將近三倍。同時各級地方官吏的額規浮費盛行，雍正時統一改爲徵收官錢、公務銀，但面對官吏胥役層層關卡，商人仍要付出各種隱性費用。二是場價日昂。河東鹽池地處低窪，最怕水災。乾隆二十二年，客水淹没鹽池，河東池鹽生産遭受毀滅性打擊，當時鹽價增高了近十倍。到乾隆五十二、五十四年鹽産缺額，五十一、五十三、五十五年也僅敷配運，致使場鹽成本大有增加。三是運費漸漲。商人所需車騾、運脚、辛工伙食等運輸費用與乾隆四十七年相比，也增加不少。四是銅錢與銀兩兑换損失較大。鹽商售賣食鹽所得爲銅錢，繳納鹽課用的是白銀。由於「錢價日賤，銀價日增」，商人「輾轉賠折，積少成多，以致日形支絀」。

「課歸地丁」改革的首要問題是鹽課如何攤徵。馮光熊、蔣兆奎提交的初步方案是三省均攤。經咨商河南、陝西巡撫，由大學士九卿會議，奏高宗批准，確定河南省每地丁銀一兩攤徵鹽課銀一錢三分，山西、陝西省每地丁銀一兩攤徵鹽課銀九分九釐。第二個問題是食鹽如何販運。決定實行鹽聽民運、開放弛禁政策，在河東鹽區内食鹽自由生産和流通。除河東池鹽外，蒙鹽、土鹽和花馬池鹽，均不受限。但河東鹽不能越界衝擊蘆鹽和淮鹽市場。還有一個問題就是相關人、財、物的善後處置。比如撤銷運司及大多下屬機構，河東道由蒲州移駐運城兼管鹽務，管理鹽池工程、巡檢、刑獄、運學等。確定應裁應留公用銀兩，造册報部。擬定書院、廟宇等各種人役、雜費開支事項。

實施「課歸地丁」後，河東鹽政得以迅速改觀。一方面保障了政府鹽課收入。鹽課銀與地丁銀一樣「年清年款」，交納本省藩庫，但與地丁銀不同，不在「蠲免」之列。另一方面滿足了民間食鹽需求。廢棄了鹽引制度，没有了官吏勒索，商民踴躍販運，不到半年，晋、陝、豫三省的河東鹽區食鹽銷售暢旺，鹽價迅速回落。馮光熊、蔣兆奎等主事官員受到了朝廷不同程度的奬賞。山西布政使蔣兆奎不僅賞戴花翎，而且很快晋陞山西巡撫。

乾隆五十八年（一七九三）秋，蔣兆奎編成《課歸地丁全案》。在自序中，蔣回顧了自己與河東鹽政的淵緣，並講述了編寫是書的理由是：「不敢忘其所自，鈔録全案成帙，並付諸梓，後有觀者亦可知其顛末。」《課歸地丁全案》一書共分四卷，收録相關文獻六十一篇。「課歸地丁」改革從君臣謀劃到具體實施再到改革效果整個過程基本得到全面反映，很好地保存了「課歸地丁」改革的原始檔案，是鹽業史上不可多得的紀事本末文獻。

二〇一八年，三晋出版社以清乾隆原刻本爲底本，影印出版《課歸地丁全案》一書，收入《山西文華》叢書，使這一珍貴的河東鹽業史料原樣再現於世，推動學術，嘉惠學林。

咸增强

二〇一八年八月

目録

第一册

卷二

第二册

卷三

卷四

序

余任河東運司時纂輯河東鹽法備覽俾司鹺務者瞭如指掌蓋因行鹽時而纂輯也嗣蒙

聖恩陞授晉臬奉

旨仍兼鹽務前後五年之久故余於河東鹽務閱歷深而知之最詳其更换

課歸地丁全案

疲乏則累在商加增鹽價則累在民
雖屢經調劑迄無善策舊有課歸
地丁之論意非不良而鹽行三省諸多
掣肘大抵粗於法不輕變之說未能果
行五十四年冬余復蒙
聖恩陞授甘藩五十五年恭逢
皇上八旬萬壽赴

闕祝嘏謁見

伯相和詢及河東鹽務有累商民課

歸地丁是否可行余以善對及自京

四廿五十六年奉

特旨調任晉藩隨同　中丞馮經理改課

事連三者今多更定任鉅責重旦夕

兢々受事後殫心竭慮備陳商運々

商確指歸課之宜奏蒙
硃批大學士九卿議奏准行於是課歸三
省攤徵而商民俱免其累矣越半年
鹽價大為輿情稱便三省中丞入
告
聖心喜悅因余稍參末議爰荷
優詔

賞戴花翎閱
命之下感愧交并五十七年復蒙
恩命陞授晉撫余不敢忘其所自抄錄
全案成帙倂付諸梓後有觀者亦
可以知其顛末云
乾隆五十八年秋八月閩中蔣兆奎
書於晉撫官署

課歸地丁全案目録

第一卷

上諭調任藩司蔣兆奎不必來京抄寄河東道和明奏片
巡撫馮光熊奏藩司蔣兆奎接印任事籌辦盐務緣
由
巡撫馮光熊率同藩司蒋兆奎酌議課歸地丁條奏
大學士九卿議奏河南酌增課銀緣由
請咨豫陜定議河南酌增課銀緣由
奉准河南洛覆酌增課銀緣由
奉准陜西洛覆酌議徵課行盐事宜
議覆陜西洛商徵課行盐事宜司詳

第二卷

酌擬應留公用銀兩款項造冊送部

第三卷

大學士公阿 等議奏課歸地丁善後事宜十六款

遵照部議另造酌留公用銀兩清摺

遵照部議分別應咨應行開摺呈院

遵照部議登覆善後事宜司詳

呈請咨送晉省地丁鹽課細數清冊司詳

巡撫馮光熊奏繳鹽政印信夾片附奏 運司季學錦呈請傳支養廉

通行各屬攤徵鹽課銀數一體遵照

第四卷

移飭運商捐輸銀六萬兩咨文

各商加利認繳捐輸銀六萬兩司詳

呈詳運商捐輸銀六萬兩酌派陽曲等三十州縣生息

請將宏運書院師生膏火銀兩在於商捐生息項下動支

請將運庫孤貧生息銀兩龍王廟地租交河東道經理

議詳龍神廟祭品等銀在於池神廟祭品項下動支

遵照部議分別存裁另造欵冊送部司詳

陝撫秦承恩具奏陝西辦理鹽務鹽價平減情形

巡撫馮光熊具奏鹽價平減及鹽池廣銷情形

河撫穆和藺具奏鹽價減落情形

奏

上諭藩司蔣兆奎著加　恩賞戴花翎

藩司蔣兆奎為

賞戴花翎奏謝

詳覆奉發花翎欽遵祇領

課歸地丁全案

課歸地丁全案卷一

陞任兩江總督書麟在京奏稿

奏為河東商力積疲據實奏明仰懇
聖恩量加調劑事竊臣於上年八月內蒙
恩補授山西巡撫兼管河東鹽政臣抵任後即向河東運使季學錦詢以該處鹽務情形據稱河東商衆自乾隆四十七年經前撫臣農起大加調劑停止五年更換商人之例酌留舊商召充新商迄今已及九載現在各商交課運鹽雖尚無貽悞但為期既久其中委

係消乏不堪充當者實有三十餘家前經會同兼管
鹽務之臬司蔣兆奎稟知前撫臣海寧正奉飭查核
辦間海寧調任浙江未及具
奏日下竭蹶情形日甚一日不敢拘泥因循致虧課食
等語臣查河東鹽運行銷三省
國課民食所關甚鉅臣甫經抵任未能深悉底裏何敢
率議更張因於前赴省南閱兵之便親往運城盤查
運庫閱看鹽池即將該商等果否實有疲乏必須調
劑之處密為察訪並檢查成案緣河東鹽務於乾隆

五十二五十四兩年產鹽缺額其五十一五十三五十五等年僅敷配運不能旺收是以場鹽成本較之四十八九等年大有加增商人不無虧折推原其故實緣戸口日增食用日廣物力因之昂貴該商等所需車騾運脚辛工火食等項核與四十七年農起調劑案內飭造成本細册一切費用既有增添又積年行鹽三省錢價日賤銀價日增民間零星買食鹽斤俱用錢文商人納課必須易換庫紋輾轉賠折積少成多以致日形支絀此該商等目前實在疲乏之緣

由地[二]臣查河東運務經從前歷任鹽臣節加調劑得
以納課銷鹽不致貽悞復經前任撫臣農起具
奏蒙
恩加價並請停止五年換商之例擇彼時商中殷實者定
為長商其疲乏者概令各歸本業即令所留之商另
保家道殷實之戶派令充商領運如所舉不實致虧
課食即令舉報之商公同承認分賠以專責成是農
起所辦絕去地方官報商滋擾之弊責成衆商人以
熟手經理之效原屬法良意美但奉行日久自四十

七年查辦至今已及十年商力實多疲乏就現在情
形而論必須徹底查明通盤酌核以期衆商足資輸
輓不致裹足不前臣正與運使詳查籌辦間蒙
恩補授兩江總督即日交卸撫篆趕辦不及臣不敢以業
經離任視同膜外合無仰懇
皇上天恩飭交新任撫臣馮光熊抵任後再行確切查勘
設法調劑俾商力可以稍紓地方亦無滋擾熟籌妥
議據實具奏請
旨遵行所有河東鹽務現在商力疲乏必須調劑情形理

合恭摺具

奏伏乞

皇上睿鑒謹

奏

巡撫馮光熊在京會奏稿

臣等遵

旨將書麟原摺交馮光熊閱看並將河東商力積疲如何量加調劑及書麟前次面奏加價簽商二事易滋弊竇之處與馮光熊悉心酌議查晉省鹽池所産鹽斤俱係苦黑價值較貴蒙古鹽斤色白而價賤是以民人俱偷買蒙古私鹽以致官引滯銷商人往往賠累疲乏今若如書麟所奏則官價愈增私販更得乘機充斥欲百姓之舍賤求貴勢必不能官引愈難暢銷

課歸地丁全案

是名為恤商而反以累商則加價之議殊非善策至
簽商尤為該省富戶之累若令地方官簽派則家計
實在豐裕者往往行賄求脫而稍有蓋藏之戶無力
營求必致勒令充當仍屬有名無實該省商人屢換
屢疲其故未必不由於此況地方官借簽商為名將
富戶多方恐嚇富戶等畏懼充當罄貲圖免輾轉更
派百弊叢生是簽商之議斷不可行臣等再四商酌
惟將鹽課攤入地丁似屬恤商便民之一法緣該省
富戶始得置有產業若貧民不過自食其力則計畝

攤課與貧民無涉況簽派商人五年一次每逢更換之期富戶等情願出貲圖脱而被簽與不被簽者未免均受其累今既免簽商僅於地丁内將鹽課攤入按畝所出不過分厘且從此槩不簽商並可為一勞永逸之計在富戶有益無損自所樂從而貧民皆得買食賤鹽生計益臻寬裕似為兩有裨益再鹽池係天地自然之利晋省所食鹽斤皆取給於此非如銅鉛等廠得以隨時封閉者可比若任聽小民自為經理弛其例禁則取攜甚便無籍之徒勢必紛紛偷挖

致啓爭端或業戶恃爲已産居奇抬價均未可定自
應仍令地方官經理但鹽池爲該處百姓所置産業
若照金銀各廠之例抽取稅課統歸官辦於業戶仍
恐未便且於鹽課歸入地丁之外又有抽收池稅誠
如
聖諭轉非加惠閭閻之意或約計鹽池每年出鹽若干可
（硃批）
抽稅若干即在鹽課攤（此語或一辦法）歸地丁項下扣除作爲定額
則百姓既可少輸正課而地方官又易於辦理似亦
通融調濟之法但臣等俱係揣度情形而臣馮光熊

亦未經抵任於河東鹽務必須將鹽課改歸地丁及
該處鹽池向來地方官如何管理可否抽收稅課之
處俱未能懸擬臣馮光熊抵晉後蔣兆奎亦將次到
任即率同該藩司親履其地通盤籌畫悉心詳勘並
咨會河南陝西二省撫臣一體和衷商酌總使富戶
貧民均受實惠以仰副我
皇上卹商便民利歸於下有加無已之至意所有臣等酌
議緣由理合奏
聞伏乞

皇上訓示俟

命下後臣等行知河南陝西二省一體遵照辦理謹

奏 乾隆五十六年六月十八日奉

硃批依議欽此

上諭蔣兆奎調補山西布政使辦理鹽務

乾隆五十六年六月十七日内閣奉

上諭現因河東商力疲乏亟須調劑已令軍機大臣會同山西巡撫馮光熊詳悉酌議可否將鹽課改歸地丁于富戶貧民均有裨益但經理一切章程尚須勘辦馮光熊究係新任於該處鹽務尚未能熟悉蔣兆奎曾任河東運使鹽務素所熟諳且該布政使上年在京亦有課歸地丁為便之語蔣兆奎著調補山西布政使帮同馮光熊妥為辦理所有甘肅布政使員缺即著景安調補

萬寧著調補山西按察使其貴州按察使員缺即著顧
長綖調補欽此

廷寄奉

上諭前司鄭源璹奏盐課改歸地丁與民食未便

乾隆五十六年七月十七日承准

廷寄大學士伯和　字寄山西巡撫馮光熊傳諭河南

布政使鄭源璹乾隆五十六年七月十二日奏

上諭鄭源璹奏晋省盐課歸入地丁之議雖意在卹商轉與民食諸多未便惟有将現在報乏之商酌量抽換另募殷實富户承充至從前所定行銷地方均属因地搭配並無應行改易之處等語所奏非實心實語晋省鹽

課歸地丁全案

商一事向為該處富戶之累地方官藉此訛詐而富戶
畏懼充當罄貲圖免輾轉更派百弊叢生前經書麟面
奏咨商朕即以為不便令軍機大臣會同新任山西巡
撫馮光熊詳悉籌議並將蔣兆奎調任晉省俟馮光熊
抵任後督同蔣兆奎親履其地通盤籌畫再行酌議具
奏但恐地方官向來得受鹽規今聞改歸地丁必有紛
紛禀阻者今鄭源璹所奏果以改歸地丁為不便仍應
另募富戶充當顯為晉省官吏留需索富戶地步該藩
司在晉八年即係該處地方官於簽商一事想亦均沾

餘潤今已調任河南所有調劑晉省盐務專交馮光熊等辦理與伊無涉既往不咎朕亦不加深究矣但河南亦有行銷河東引盐地方将来馮光熊酌議晉省盐課攤入地丁洛商豫省一體查辦彼時鄭源璹倘復從中阻撓掣肘必将伊一併治罪決不寬貸此時馮光熊想已抵任俟蔣兆奎到晉後即率同妥辦務使商民交便利歸於下方為盡善将此傳諭鄭源璹並諭馮光熊知之欽此遵

旨寄信前来

廷寄奉

上諭蔣兆奎不必来京並抄寄河東道和明奏片

乾隆五十六年八月十二日承准

大學士伯和　字寄山西廵撫馮光熊傳諭山西布

政使蔣兆奎乾隆五十六年八月初四日奉

上諭勒保奏蔣兆奎現在調任山西藩司自應速令該司

交卸篆務赴闕請訓等語晉省商力疲乏官引滞銷亟

須設法調劑前因蔣兆奎有將塩課歸入地丁與商民

均有裨益之說於該省地方塩務情形較為熟悉是以

將該藩司調任山西此時業經由甘省起程著傳諭蔣
兆奎不必前來請訓即先赴山西接印任事幫同馮光
熊酌議章程妥為籌辦俟此事辦理完竣後再行來京
陛見亦不為遲昨召見河東道和明詢問鹽務情形據
稱晉省鹽池係該處百姓所置產業若鹽課攤入地丁
後該業户自行刮晒仍可賣與民人肩挑步販照舊獲
利等語鹽池所產鹽斤苦黑向來官商經理該處百姓
尚不願買食官鹽今既歸業主自行交易若不減價售
賣則民人豈肯買食苦黑貴鹽是抬價居奇之弊更可

不禁自止而鹽價日賤於閭閻生計更爲有益所有昨
令軍機大臣詢問和明奏片即發交馮光熊閲看蔣兆
奎到任後並著該撫即率同詳悉履勘妥協籌辦總使
利歸於下商民交便方爲盡善將此傳諭馮光熊並諭
蔣兆奎知之欽此遵
旨寄信前來

河東道和明奏片

臣等遵
旨將河東鹽務是否可攤入地丁之處詢問和明據稱近

来河東官引滯銷商力疲乏俱係實在情形自應設法調劑現在晉省太原汾州兩府及隰州所屬均食土塩其應徵塩課俱攤入地丁徵收由来已久百姓亦屬相安近年晉商疲乏蔣兆奎在山西時曾向我議論現在商人賠累塩價昂貴百姓買食維艱辦理實無善策將来若能將通省塩課攤入地丁於商民均屬有益我想晉商積疲如欲加價則私販愈增若另簽派富户充當恐又啓地方官勒派之漸一經改歸地丁百姓食塩聽其自行買食不經商辦民間塩

價自可平減其說似屬可行仰蒙
皇上垂詢是以即將攤入地丁可以辦理之處陳奏至本
省鹽池係該處百姓所置產業若鹽課攤入地丁後
該業戶自行刮曬仍可賣與百姓肩挑步販照舊獲
利於業戶仍屬無損且官為經理亦可不致抬價居
奇等語謹
奏

課歸地丁全案

巡撫馮光熊奏藩司蔣兆奎接印任事籌辦鹽務摺

奏為遵

旨奏

聞事本年八月十二日承准大學士伯和　字寄內閣八

月初四日奉

上諭前因蔣兆奎有將鹽課歸入地丁與商民均有裨益

之說於該省地方鹽務情形較為熟悉是以將該藩司

調任山西此時業由甘省赴程不必前來請訓即先赴

山西接印任事帮同馮光熊酌議章程妥為籌辦俟此

事辦竣再行来京陛見等因欽此欽遵寄信到臣適接
蔣兆奎来稟順道經由運城覆加查勘兼程赴省等
語臣接奉
諭旨當即飛行傳知去後茲於八月十五日到省臣遵
旨即令其接印任事現將塩課歸入地丁事宜悉心籌議
另行奏請
訓示以仰副
聖主便民恤商務使利歸於下之至意合先恭摺覆
奏伏乞

皇上睿鑒謹
奏 乾隆五十六年八月十五日奏九月初七日奉
硃批覽欽此

課歸地丁全案

酌議課歸地丁原奏

奏爲酌議河東鹽課歸入地丁章程恭請
聖訓事竊照河東池鹽行銷山西陝西河南三省因商力
疲乏上廑
宸衷臣於
陛見時面奉
諭旨鹽課攤歸地丁是否與商民有裨令臣隨同軍機大
臣酌議臣因未悉晉省鹽務情形當經
奏明俟臣抵任後悉心體察率同藩司蔣兆奎通盤籌

畫再行議奏荷蒙

聖鑒在案臣到任後檢查案卷體訪輿情務求利弊之所在以便定議藩司蔣兆奎抵任復與之逐細講求伏查河東鹽務商力積疲若恃換商增價為調劑不特於事無益且商屢換則病在殷戶價屢增則困在貧民利未見而弊（此語切中窾要）已隨未為補救善策溯查從前曾有

硃批

課歸地丁之議而歷久未見舉行者實由泥於法不輕變之説又或阻於從中淆惑之言一則曰課係商完令歸民納近於加賦事不可行一則曰鹽係商運

今聽民便倘販運不前淡食堪虞其言俱似近理以致課歸地丁之說阻格不行玆舉利弊而權衡之小民之舍官鹽而食私鹽者因私鹽並無官課雜費價值賤於官鹽若課歸地丁鹽聽人運除去攤入地丁之正課雜項每鹽一觔已減銀三厘零鹽價必賤再就民人食鹽而論每人每日食鹽三錢兩月食鹽一觔鹽無雜費又不完課每觔最少亦可減價五文有地丁銀一兩之家以五口計算一年可省錢一百五十千蓋計鹽課攤入地丁約畧每兩不過增攤九分有

餘以所省一百五十文之價完九分餘銀之課尚覺有餘況一兩地丁之家未必止於五口一觔鹽價或不止減價五文則所省實多其無地丁貧民賤食無課之鹽更為便益三省之民自無不樂從若課不歸入地丁別無調劑之法勢必議加鹽價查河東鹽價前已每觔加增四厘統計每年加銀五十六萬有餘河東行鹽正課雜項歲納銀四十八萬餘兩加價之數已浮於額今若再加一厘則應加十四萬餘兩若再加二厘則應加二十八萬餘兩積成八十餘萬兩

數載之後商力又疲有加無已迄無底止且所加之價均出於民民間納四十八萬之課較出八十餘萬之價何者為省若課歸地丁鹽價永無加增民食減價之鹽小民錙銖較量豈不知此舉之有益無虧此歸課之並非加賦也向来私販鹽觔例禁綦嚴尚難斷絶緣人情見利必趨雖犯法而不顧今聽其自為販運既無官課又無雜費并無兵役之盤詰關津之阻留豈有轉不踴躍爭先之理況百貨流通可及數千萬里之外今去鹽池之地最遠不過千餘里以家

家必需之物人人獲利之事斷未有販運不前者此
淡食之不足為慮也是課歸地丁便民而非累民減
價而非加賦其事實屬可行至歸課之法查山西省
領引行鹽共四十四州縣有引多而地丁少者有引
少而地丁多者更有向食土鹽蒙古鹽僅領河東引
張交納税銀之陽曲等四十四州縣及陝西之鳳翔
一府長武一縣本屬參差不齊若將此州縣之鹽課
即歸於此州縣之地丁有多有寡不免偏枯且以河
南陝西山西三省比較河南引多而地丁少陝西山

西地丁多而引少若分省各攤每地丁銀一兩少者僅增數分多者增至數錢多寡太覺懸殊莫若將三省應納之正課雜項共四十八萬餘兩在於三省行鹽完課納稅之一百七十二廳州縣地丁項下通計均攤約畧每兩一律攤銀九分有餘似為均平公允再池鹽向不收稅若令輸納池稅而仍於攤入地丁之鹽課內扣除則鹽價必致藉稅加增民間雖明減於攤納之課仍暗加於買食之鹽於小民無益而辦法徒覺兩歧所有池稅一項應請毋庸議茲聽令各

硃批：此更公平

課歸地丁全案

原畦主照舊澆曬發販流通仍官為彈壓稽查以杜
偷窃爭擄俾民食賤鹽商不更僉似屬兩有裨益臣
等管見如斯是否有當仰懇
聖明訓示如蒙
俞允即以乾隆五十七年為始遵照辦理其一切善後事
宜容臣履勘鹽池之後另行條議奏
聞再查三省中惟山西本省地丁已有確數其豫陝二省
僅憑搢紳冊載地丁銀數計算均攤恐不甚確現已
飛咨豫陝二省撫臣查明確實細數咨覆以便將課

銀均匀攤入并將酌議改辦緣由一併咨移去訖恐
覆到需時上廑
聖懷理合先將臣與蔣兆奎籌議章程恭摺由驛具
奏伏乞
皇上睿鑒訓示遵行謹
奏
乾隆五十六年八月二十三日具奏九月初三日奉
到
硃批大學士九卿議奏欽此

課歸地丁全案

大學士九卿議奏河南酌增課銀摺

大學士公阿　等謹

奏為遵

旨議奏事内閣抄出山西巡撫馮光熊奏河東盐課歸入山西陝西河南三省行盐州縣地丁款内攤徵酌議章程一摺乾隆五十六年八月二十七日奉

硃批大學士九卿議奏欽此欽遵於九月初二日抄出到部該臣等會議得山西巡撫馮光熊奏稱竊照河東池盐行銷山西陝西河南三省因商力疲乏上厪

宸衷臣於
陛見時面奉
諭旨鹽課攤歸地丁是否與商民有裨令臣隨同軍機大
臣酌議臣因未悉晉省鹽務情形當經奏明俟臣抵
任後悉心體察率同藩司蔣兆奎通盤籌畫再行議
奏荷蒙
聖鑒在案臣到任後檢查案卷體訪輿情務求利弊之所
在以便定議藩司蔣兆奎抵任復與之逐細講求伏
查河東鹽務商力積疲若恃換商增價爲調劑不特

於事無益且商屢換則病在般户價屢增則困在貧民利未見而弊已隨未為補救善策溯查從前曾有課歸地丁之議而歷久未見舉行者寔由泥於法不輕變之說又或阻於從中淆惑之言一則曰課係商完今歸民納近於加賦一則曰鹽係商運今聽民便淡食堪虞其言俱似近理以致課歸地丁之說阻格不行兹舉利弊而權衡之課歸地丁鹽聽人運除去攤入地丁之正課雜項每鹽一觔已減銀三厘零鹽價必賤再就民人食鹽而論每人每日食鹽三錢兩

月食鹽一斤鹽無雜費又不完課每斤最少亦可減價五文有地丁銀一兩之家以五口計算一年可省錢一百五十文核計鹽課攤入地丁約畧每兩不過增攤九分有餘以所省一百五十文之價完九分有餘之課尚覺有餘況一兩地丁之家未必止於五口則所省實多其無地丁貧民賤食無課之鹽更為便益三省之民自無不樂從若課不歸入地丁別無調劑之法勢必議加鹽價查河東鹽價前已每斤加增四釐統計每年加銀五十六萬有餘河東行鹽正課雜

項歲納銀四十八萬餘兩加價之數已浮於額今若再加一釐則應加十四萬餘兩二釐則應加二十八萬餘兩積成八十餘萬兩數載之後商力又疲且所加之價均出民間民納四十八萬之課較出八十餘萬之價何者為省此歸課之並非加賦也向來私販鹽斤例禁綦嚴尚難斷絶緣人情見利必趍雖犯法而不顧今聽其自為販運既無官課又無雜費並無兵役盤詰關津阻留豈有轉不踴躍爭先之理況百貨流通可及數千萬里之外今去鹽池之地最遠不

過千餘里以家家必需之物人人獲利之事斷未有販運不前者此淡食之不足為慮也是課歸地丁便民而非累民減價而非加賦其事寔屬可行至歸課之法查山西省領引行鹽共四十四州縣有引多而地丁少者有引少而地丁多者更有向食土鹽蒙古鹽僅領河東引張交納稅銀之陽曲等四十四州縣及陝西之鳳翔一府長武一縣本屬參差不齊若將此州縣之鹽課即歸於此州縣之地丁有多有寡不免偏枯且以河南陝西山西三省比較河南引多而

地丁少陝西山西地丁多而引少若分省各攤每地丁銀一兩少者僅增數分多者增至數錢多寡太覺懸殊莫若將三省應納之正課雜項共四十八萬餘兩在於三省行鹽完課納稅之一百七十二廳州縣地丁項下通計均攤約畧每兩一律攤銀九分有餘似為均平公允再池鹽向不收稅若令輸納池稅而仍於攤入地丁之鹽課內扣除則鹽價必致藉稅加增民間雖明減於攤納之課仍暗加於買食之鹽于小民無益而辦法徒覺兩歧所有池稅一項應請毋

庸議設聽令各原畦主照舊澆晒發販流通仍官為
彈壓稽查以杜偷竊爭攘俾民食賤鹽商不更篤似
屬兩有裨益如蒙
俞允即以乾隆五十七年為始遵照辦理其一切善後事
宜容臣願勘鹽池之後另行條議奏
聞再查三省中惟山西本省地丁已有確數其豫陝二省
地丁現已飛咨豫陝撫臣查明確寔細數咨覆以便
將課銀均勻攤入並將酌議改歸緣由一併咨移恐
覆到需時上廑

聖懷理合先將臣與蔣兆奎籌議章程恭摺具奏等因前來臣等伏查河東鹽務商力疲乏積久因循徒以換商增價爲事自乾隆四十一年奏請以五年一次招充鹽商嗣因簽商滋累於乾隆四十七年又經奏請將五年輪換之例停止就現商中擇其殷實者定爲長商此可見換商之不足恃也又查自乾隆二十一年奏准加價一釐二十六年又奏准加價一釐四十七年又經奏准加價二釐共計加至四釐價日益增而商仍疲乏轉以價貴啓私販之弊此又見加價之

不足恃也此時若不善為變通誠恐鹾務未能振興
而商力彌形疲玩殊非補救之策本年六月間欽奉
諭旨因河東商力疲乏亟須調劑將鹽課可否改歸地丁
於富戶貧民均有裨益令該撫妥為辦理等因仰見
我
皇上惠念商民至周極備今據該撫奏稱該處鹽務積疲
商屢換則病在殷戶價屢增則困在貧民惟有課歸
地丁鹽聽民運較為便益自係確勘該處情形妥為
調劑並據奏明改歸地丁之後就民人食鹽而論每

日食鹽三錢兩月食鹽一斤最少亦可減價五文有
地丁一兩之家以五口計算每一年可省錢一百五
十文核計鹽課攤入地丁每兩不過增攤九分有餘
以所省錢一百五十文之價完九分有餘之課尚覺
有餘又據通盤核算若鹽課不歸地丁勢必增價已
於二十一年至四十七年疊次奏明增價每斤加至
四厘每年通計加銀五十六萬有餘若再議加一二
厘又須加銀二十八萬餘兩積成八十餘萬所加之
價均出自民間此次議歸地丁每年計納銀四十八

萬餘兩較出八十餘萬兩之鹽價自為減省又據聲
明鹽聽民運既無官課雜費又無兵役盤詰及關津
阻留小民踴躍爭先斷無販運不前者是該撫所奏
既無加賦之患又無淡食之虞補偏救弊舍此別無
良法自應如所奏准其自乾隆五十七年為始改歸
辦理至池鹽向不收稅仍請將池稅一項毋庸議設
聽令各原畦主照舊澆曬發販仍官為彈壓以杜偷
窃爭攘之處辦理均屬公平妥善此次改課歸丁鹽
聽民運該撫既勘明該處各商寔在疲乏奏請更定

章程嗣後務宜商民兩便永無弊端以期仰副我
皇上軫卹疲商惠愛黎元之至意惟是河東引鹽向行山
西陝西河南三省今雖據該撫奏稱若將此州縣之
鹽課即歸於此州縣之地丁有多有寡未免偏枯請
以三省之鹽課雜項共四十八萬餘兩在于三省行
鹽完課納稅之一百七十二廳州縣地丁項下統計
均攤約畧每兩一律攤銀九分有餘但查山西行鹽
之陽曲等八十八廳州縣每年額餘引二十四萬二
千一百七十九道每年地丁銀約計二百八十四萬

餘兩陝西行盬之咸寧等五十二廳州縣每年額餘引一十八萬四千餘道每年地丁銀約計一百四十七萬餘兩則是引少而地丁較多河南行盬之洛陽等三十二州縣每年額餘引共二十三萬九千九百九十道每年額徵地丁約計銀六十餘萬兩則是引多而地丁較少若照原奏均勻攤派於地丁較多之山陝二省未免向隅殊難一律攤派或令河南引多地方較現擬地丁每兩均攤九分有餘之數由該省酌量增攤在河南所加無多衆擎易舉而山陝二省

行塩州縣不致着重似於調劑之中微寓權衡之道
應交山西陜西河南三省廵撫會同籌酌定議具奏
辦理至河南陜西二省民運池塩路程較遠其作何
辦理較為妥協之處應一併行令陜西河南廵撫詳
晰查明咨覆晉省統入善後事宜案内核辦臣等悉
心酌議是否有當伏乞
皇上睿鑒訓示遵行再此摺係户部主稿合併聲明為此
謹
奏請

旨五十六年九月二十五日奏本日奉
旨依議欽此

請咨豫陜定議河南酌增課銀司詳

爲遵

旨等事乾隆五十六年十月十一日蒙

憲臺抄案内開乾隆五十六年十月初九日准

户部咨山東司案呈大學士九卿會議覆山西巡撫

馮

奏河東塩課改歸山西陜西河南三省行塩州

縣地丁欵内攤徵一摺五十六年九月二十五日奏

本日奉

旨依議欽此相應抄録原奏行文山西巡撫遵照可也准

此擬合就行爲此仰司官吏查照咨案併粘單內事
理即便查明妥議詳請核辦毋遲計粘單一紙等因
奉此本司遵查粘單內開惟是河東引鹽向行山西
陝西河南三省今雖據該撫奏稱若將此川縣之鹽
課即歸於此州縣之地丁有多有寡未免偏枯請以
三省之鹽課雜項共四十八萬餘兩在於三省行鹽
完課納稅之一百七十二廳州縣地丁項下統計均
攤約略每兩一律攤銀九分有餘但查山西行鹽之
陽曲等八十八廳州縣每年額餘引二十四萬二千

一百七十九道每年地丁銀約計二百八十四萬餘
兩陜西行鹽之咸寧等五十二廳州縣每年額餘引
一十八萬四千餘道每年地丁銀約計一百四十七
萬餘兩則是引少而地丁較多河南行鹽之洛陽等
三十二州縣每年額餘引共二十三萬九千九百九
十道每年額徵地丁銀約計六十餘萬兩則是引多
而地丁較少若照原奏均勻攤派地丁較多之山陜
二省未免向隅殊難一律攤派或令河南引多地方
較現擬地丁每兩均攤九分有餘之數由該省酌量

增攤在河南所加無多衆擎易舉而山陝二省行鹽
州縣不致着重似於調劑之中微寓權衡之道應交
山西陝西河南三省巡撫會同籌酌定議具奏辦理
等語查原奏内按照地丁每兩均攤九分有餘之數
前経聲明惟山西地丁已有確數其豫陝二省地丁
銀數係按搢紳所載約略計筭今准該二省咨送地
丁確數前来陝西省地丁銀一百四十七萬二千一
百一十三兩八錢九分九厘照搢紳所載少銀二十
萬八千二百五十三兩有零河南省地丁銀六十六

萬六千四百一十五兩一錢五分九厘照縉紳所載
少銀八千二百二十九兩有零又原奏所開河東行
鹽正課雜項四十八萬餘兩只就現在運商應納課
雜銀數而言其領引不行河東鹽之山西陽曲等四
十四州縣陝西鳳翔等九州縣不在其內今三省鹽
課地丁均攤所有山西陽曲等四十四州縣應徵稅
課銀一萬八千八百二十四兩一錢二厘陝西鳳翔
等九州縣應徵課銀六千八百五十九兩八錢二共
銀二萬五千六百八十三兩九錢零二厘自應統歸

商課內一體均攤三省共計正雜盐課銀五十一萬三千六百八十三兩二錢八分五厘五毫二絲五忽三省共地丁銀四百九十七萬一千二百四十六兩一錢六分六厘每地丁銀一兩該攤銀一錢零三厘三毫三絲零八微八纖八沙九塵五渺現奉

大學士九卿議令河南引多地方由該省酌量增攤不使山陝二省著重實於調劑之中仍寓權衡之道

應請

憲臺移咨

河南撫憲遵照
廷議酌量增攤所有酌增銀數一面咨覆山西一面飛
咨陝西撫憲酌核定議並請
憲臺咨明
陝西撫憲俟河南酌定增攤銀數移咨過陝是否以
為允協即由陝西飛咨山西會核覆奏又粘单内開
河南陝西民運池鹽程途較遠其作何辦理較為妥
協之處應一併行令
陝西河南巡撫詳晰查明咨覆晉省統入善後事宜

案內核辦等語查鹽聽人運既無官課雜費又無兵役盤詰及關津阻留人情趨利若騖一俟鹽課攤定出示曉諭三省民販自必踴躍爭先毋庸官為經理另立規條反有窒碍今既經

大學士九卿議令陝西河南詳晰查明咨覆仍請

憲臺一併移咨豫陝聽候查明咨覆以便議入善後事宜案內再查原奏課歸地丁定以五十七年為始是以本年八月應領五十七年額餘引張並未赴部請領若三省咨覆往返遲悞日期瞬屆來年商鹽

既不能運而攤課未定未有明示民販又復觀望不前寔於
國課民食兩有閡碍伏望
憲臺飛咨豫陝二省查照咨案並粘单內事理籌酌
定議迅速咨覆以便将河南酌加之數於陝西山西兩省議攤數內減去另攤核
奏應否如斯辦理緣奉飭議理合将酌議緣由具文申
覆
憲臺查核為此備由具申伏乞

照詳施行

院批

仰候飛咨

陝豫撫部院籌酌核辦仍移明運司知照繳

奉准河南咨覆

為遵

旨等事乾隆五十六年十月二十七日准

河南撫部院穆　咨據布按二司糧塩道會呈蒙本

部院案驗乾隆五十六年十月十三日准

户部咨山東司案呈大學士九卿議覆山西巡撫馮

奏河東塩課改歸山西陜西河南三省行塩州縣地丁

勑内攤徵一摺五十六年九月二十五日奏本日奉

旨依議欽此相應抄録原奏行文河南巡撫遵照可也計

粘单一紙内開大學士公阿　等
奏前事又於乾隆五十六年十月十九日奉准
山西巡撫馮　咨前事各等因咨院行司蒙此該本
司道等會查得河東塩課歸入行盐州縣地丁款内
攤徵一案奏
大學士公阿　等會議覆奏准行並因山西陝西係
引少而地丁較多河南係引多而地丁較少若一律
均攤九分餘於地丁較多之山陝兩省未免向隅奏
明令交河南引多地方酌量增攤并將民運池塩路

程較遠作何辦理妥協詳晰查明咨覆晉省核辦等
因茲查豫省行銷池盬之洛陽等三十二州縣每年
額引二十三萬九千九百餘道地丁六十餘萬兩較
之山西額引二十四萬二千一百餘道地丁二百八
十四萬餘兩陝西額引一十八萬四千餘道地丁一
百四十七萬餘兩則豫省自屬引多糧少誠如
大學士公阿　等所議若一律以九分餘攤徵實為
多寡不均自應將豫省應攤盬課於原議九分餘之
數量為加增惟查豫省每年正賦之外尚有

奏明河工歲料帮價及搶險之年加徵銀數均係按糧攤徵鹽課一項應於原議之數量為加增每糧銀一兩增攤銀一錢三分以昭平允至洛陽等三十二州縣內河南府陝州各屬與河東較近其南陽府汝州所屬州縣程途較遠雖池鹽聽民販運并無官課雜費又無口岸兵役盤詰利之所在小民爭趨若鶩斷不因程途較遠致有裹足之理但事屬創始鄉民不知池鹽任聽販運以及地方文武官弁兵役人等不許攔阻情事應令各府州縣廣為出示曉諭反覆開

導務使城市鄉村咸知攜本販運獲利甚便自必踴
躍爭先不致觀望并請咨明
山西撫部院轉飭地方官諭令原畦主於豫民到彼
販鹽之日即公平發賣毋許掯留俾得轉運迅速並
曉示晉省民人如有自願販鹽來豫暨各省販戶願
販運鹽來豫售賣者一聽其自便地方官役不得
稍有抑勒惟販來鹽斤只准在於洛陽等三十二州
縣舊食池鹽地方售賣不得侵入行銷長蘆淮鹽引
地以杜擁滯官鹽之弊如此酌量增攤互相勸引小

民得悉販運獲利毫無阻滯可期源源而至遠近必
周於民間買食自無缺乏之虞矣是否允協擬合會
詳呈請本部院鑒核咨覆等情到本部院據此除咨
陝西撫部院查照徑行咨覆晉省外相應移咨為此
合咨貴部院請煩查照希即酌核會
奏施行

奉准陝西咨覆

為遵

旨等事據西安布政司鹽法道會呈蒙巡撫部院秦　案

驗乾隆五十六年十月十五日准

戸部咨山東司案呈大學士九卿議奏山西巡撫馮

奏河東鹽課改歸山西陝西河南三省行鹽州縣地丁

款内攤徵一摺乾隆五十六年九月二十五日奏本

日奉

旨依議欽此相應抄録原奏行文陝西巡撫遵照可也計

粘單一紙內開大學士公阿　等謹
奏為遵
旨議奏事內閣抄出山西巡撫馮　奏河東鹽課歸入山
西陝西河南三省行鹽州縣地丁欵內攤徵酌議章
程一摺乾隆五十六年八月二十七日奉
硃批大學士九卿議奏欽此欽遵於九月初二日抄出到
部該臣等會議得山西巡撫馮　奏稱竊照河東池
鹽行銷山西陝西河南三省因商力疲乏上厪
宸衷臣於

陛見時面奉

諭旨鹽課攤歸地丁是否與商民有裨令臣隨同軍機大

臣酌議臣因未悉晉省鹽務情形當經奏明俟臣抵

任後悉心體察率同藩司蔣　通盤籌畫再行議奏

荷蒙

聖鑒在案臣到任後檢查案卷體訪輿情務求利弊之所

在以便定議藩司蔣　抵任復與之逐細講求伏查

河東鹽務商力積疲若恃換商增價為調劑不特於

事無益且商屢換則病在般戶價屢增則困在貧民

利未見而弊已隨未為補救善策溯查從前曾有課歸地丁之議而歷久未見舉行者寔由泥於法不輕變之説又或阻於從中淆惑之言一則曰課係商完今歸民納近於加賦一則曰鹽係商運今聽民便淡食堪虞其言俱似近理以致課歸地丁之説阻格不行兹舉利弊而權衡之課歸地丁鹽聽人運除去攤入地丁之正課雜項每鹽一觔已減銀三厘零鹽價必賤再就民人食鹽而論每人每日食鹽三錢兩月食鹽一觔鹽無雜費又不完課每觔最少亦可減價

五文有地丁一兩之家以五口計算一年可省錢一
百五十文核計盬課攤入地丁約略每兩不過增攤
九分有餘以所省一百五十文之價完九分餘銀之
課尚覺有餘況一兩地丁之家未必止於五口則所
省寔多其無地丁貧民賤食無課之盬更為便益三
省之民自無不樂從若課不歸入地丁别無調劑之
法勢必議加盬價查河東盬價前已每觔加增四厘
統計每年加銀五十六萬有餘河東行盬正課雜項
歲納銀四十八萬餘兩加價之數已浮於額今若再

加一厘則應加十四萬餘兩二厘則應加二十八萬餘兩積成八十餘萬兩數載之後商力又疲且所加之價均出於民民間納四十八萬之課較出八十餘萬之價何者為省此歸課之並非加賦也向来私販鹽觔例禁綦嚴尚難斷絶緣人情見利必趨雖犯法而不顧今聽其自為販運既無官課又無雜費並無兵役盤詰關津阻留豈有轉不踴躍争先之理況百貨流通可及數千萬里之外今去鹽池之地最遠不過千餘里以家家必需之物人人獲利之事斷未有

販運不前者此淡食之不足爲慮也是課歸地丁便民而非累民減價而非加賦其事寔屬可行至歸課之法查山西省領引行鹽共四十四州縣有引多而地丁少者有引少而地丁多者更有向食土鹽蒙古鹽僅領河東引張交納稅銀之陽曲等四十四州縣及陝西之鳳翔一府長武一縣本屬參差不齊若將此州縣之鹽課即歸於此州縣之地丁有多有寡不免偏枯且以河南陝西山西三省比較河南引多而地丁少陝西山西地丁多而引少若分省各攤每地

丁銀一兩少者僅增數分多者增至數錢多寡太覺懸殊莫若將三省應納之正課雜項共四十八萬餘兩在於三省行鹽完課納稅之一百七十二廳州縣地丁項下通計均攤約略每兩一律攤銀九分有餘似為均平公允再池鹽向不收稅若令輸納池稅而仍於攤入地丁之鹽課內扣除則鹽價必致藉稅加增民間雖明減於攤納之課仍暗加於買食之鹽於小民無益而辦法徒覺兩岐所有池稅一項應請毋庸議設聽令各原畦主照舊澆晒發販流通仍官為

彈壓稽查以杜偷竊爭攘俾民食賤鹽商不更簽似
屬兩有裨益如蒙
俞允即以乾隆五十七年爲始遵照辦理其一切善後事
宜容臣履勘鹽池之後另行條議奏
聞再查三省中惟山西本省地丁已有確數其豫陝二省
地丁現已飛咨豫陝撫臣查明確寔細數咨覆以便
將課銀均匀攤入並將酌議改辦緣由一併咨移恐
覆到需時上厪
聖懷理合先將臣與蔣　籌議章程恭摺具奏等因前來

臣等覆查河東鹽務商力疲乏積久因循徒以換商增價為事自乾隆四十一年奏請以五年一次招充鹽商嗣因僉商滋累於乾隆四十七年又經奏請將五年輪換之例停止就現商中擇其殷實者定為長商此可見換商之不足恃也又查自乾隆二十一年奏准加價一厘二十六年又奏准加價一厘四十七年又經奏准加價二厘共計加至四厘價日益增而商仍疲乏轉以價貴啓私販之弊此又見加價之不足恃也此時若不善為變通誠恐鹺務未能振興而

商力彌形疲玩殊非補救之策本年六月間欽奉
諭旨因河東商力疲乏亟須調劑將鹽課可否改歸地丁
於富戶貧民均有裨益令該撫妥爲辦理等因仰見
我
皇上惠念商民至周極備今據該撫奏稱該處鹽務積疲
商屢换則病在殷戶價屢增則困在貧民惟有課歸
地丁鹽聽民運較爲便益自係確勘該處情形妥爲
調劑並據奏明改歸地丁之後就民人食鹽而論每
人每日食鹽三錢兩月食鹽一斤最少亦可減價五

文有地丁一兩之家以五口計算一年可省錢一百五十文核計鹽課攤入地丁每兩不過增攤九分有餘以所省一百五十文之價完九分有餘之課尚覺有餘又據通盤核算若鹽課不歸地丁勢必增價已於二十一年至四十七年疊次奏明增價每斤加至四釐每年通計加銀五十六萬有餘若再議加一二釐又須加銀二十八萬餘兩積成八十餘萬所加之價均出自民間此次議歸地丁每年計納銀四十八萬餘兩較出八十餘萬兩之鹽價自為減省又據聲

明鹽聽民運既無官課雜費又無兵役盤詰及關津
阻留小民踴躍爭先斷無販運不前者是該撫所奏
既無加賦之患又無淡食之虞補偏救弊舍此別無
良法自應如所奏准其自乾隆五十七年為始改歸
辦理至池鹽向不收稅仍請將池稅一項毋庸議設
聽令各原畦主照舊澆晒發販仍官為彈壓以杜偷
窃爭攘之處辦理均屬公平妥善此次改課歸丁鹽
聽民運該撫既勘明該處各商寔在疲乏奏請更定
章程嗣後務宜商民兩便永無弊端以期仰副我

皇上軫卹疲商惠愛黎元之至意惟是河東引鹽向行山西陝西河南三省今雖據該撫奏稱若將此州縣之鹽課即歸於此州縣之地丁有多有寡未免偏枯請以三省之鹽課雜項共四十八萬餘兩在於三省行鹽完課納稅之一百七十二廳州縣地丁項下統計均攤約畧每兩一律攤銀九分有餘但查山西行鹽之陽曲等八十八廳州縣每年額餘引二十四萬二千一百七十九道每年地丁銀約計二百八十四萬餘兩陝西行鹽之咸寧等五十二廳州縣每年額餘

引一十八萬四千餘道每年地丁銀約計一百四十七萬餘兩則是引少而地丁較多河南行盐之洛陽等三十二州縣每年額餘引共二十三萬九千九百九十道每年額徵地丁約計銀六十餘萬兩則是引多而地丁較少若照原奏均匀攤派於地丁較多之山陝二省未免向隅殊難一律攤派或令河南引多地方較現擬地丁每兩均攤九分有餘之數由該省酌量增攤在河南所加無多衆擎易舉而山陝二省行盐州縣不致著重似於調劑之中微寓權衡之道

應交山西陝西河南三省巡撫會同籌酌定議具奏
辦理至河南陝西二省民運池盐路程較遠其作何
辦理較為妥協之處應一併行令陝西河南巡撫詳
晰查明咨覆晉省統入善後事宜案内核辦臣等悉
心酌議是否有當伏乞
皇上睿鑒訓示遵行再此摺係户部主稿合併聲明為此
謹
奏請
旨等因到院行司蒙此當即備行西同興鳳邠乾商七府

州轉飭所屬一體欽遵在案該本司道會查得蒙檄
准部咨令將
廷議晉省具奏河東盐課改歸山西陝西河南三省行
盐州縣地丁款内攤徵其民運池盐路途較遠作何
辦理較為妥協之處詳晰查明咨覆晉省統入善後
事宜議内核辦等因本司道等體察情形博採輿論
並就各屬禀詳内理明詞達切中情事者逐一摘出
細加較核將一應徵課行盐事宜悉心酌議共計九
條敬列如左

一陝省盐課宜核定確數也查陝省咸寧等四十三廳
州縣並鳳翔等九州縣應徵盐課銀十三萬二千一
十九兩二錢一分六厘攤入咸寧等五十二廳州縣
地丁一百四十七萬二千一百餘兩內均匀輸納每
兩計攤銀八分九厘零小民雖輸將恐後而地丁較
多之州縣有驟增至八九千一萬及五六千者已屬
著重誠如
部議河南省應攤盐課未便再於山陝二省一律攤
派今查河南省盐課銀一十九萬九千八百一十九

兩六錢五分零攤入地丁六十六萬六千四百一十五兩一錢五分內每兩應攤銀三錢零現准河南来咨內開於原議之數量為加增每糧銀一兩增攤銀一錢三分等語如該省遵照原奏於九分有餘之外再增攤一錢三分合計每兩共攤銀二錢二分有餘以應徵鹽課核計尚有未攤銀五萬兩零若每兩僅攤銀一錢三分則未攤之數有一十一萬三千餘兩之多勢必在於山陝兩省加攤查山陝兩省行鹽州縣共計地丁四百三十餘萬兩今以河南省未攤之

一十一萬三千餘兩再為加攤每兩又須增攤銀二
分六厘零加以本省每兩計攤銀八分九厘零是每
兩共應攤銀一錢一分五六厘未免更為著重似涉
偏枯且與前奉
部議不符礙難遵行應請咨會
鹽院酌核辦理
一鹽法宜稍為變通也查陝省與河東接壤各屬地係
平坦民間運鹽自易若邠乾各屬程途迢遙與商各
屬徑路崎嶇向來官商按引發銷尚往往有缺鹽之

時令聽民自便無論脚費既重鹽價必昂且恐民販憚於遠涉鹽觔不能依期而至未免淡食之虞查邠乾與花馬池相近興商與川省相近隣境之鹽甚屬便適應請稍爲變通於河東鹽斤不到之時隨處買食不必拘定某處食某處之鹽庶商賈益加踴躍而程途路險之處不致有淡食之虞矣此外延北各屬與向食蒙古鹽之處相近均似不可不如此變通也
應請咨會
鹽院酌核

奏明辦理

一引鹽宜暫緩停止也查鹽聽民運人情趨利若鶩自不患無販賣之人但新政初行小民尚生觀望即挾有資本素業貿易之輩招集夥伴前赴產鹽地方興販售賣往返需時其路程遥遠之處更難刻期運到若驟將引鹽停止辦理未免周章所有河東引鹽停止日期應請咨會

鹽院量為區别九五百里以内地方以五十七年四月為始五百里以外地方以七月為始如此稍寬時

日庶民閒於運盐事宜不致急遽無序並請
盐院於覆
奏後即行出示曉諭俾遠近得以周知
一民運盐飭宜先禁革弊端也查課歸地丁之後盐聽
民運其價值自必有減無增但盐池各有畦主誠恐
牟利之徒居奇壟斷任意高抬因而民販舖戶層層
加增並或串通衙門胥役私立名目多方刁難而所
過關津渡口又或把持揹勒致使販運不前未免民
有淡食之虞應請咨會

鹽院嚴定價值以清騰貴之源並曉諭畦主及彼地
衙門胥役各處關津渡口均毋得藉端滋事庶釐政
益昭肅清而民食永無妨碍矣

一販運鹽觔宜先期撥定以免爭端也查鹽池坐落山
西運城陝西民人到彼興販未免人地生踈恐山西
畦主先儘本省民販以致陝省民販守候需時兩相
爭攘事所必有應請咨明
鹽院核計採鹽數目按照向日行引地方食鹽多寡
預期撥定一俟陝省民販到彼即可領運如此立定

章程於塩法既無紛更而民販亦無守候爭攘之虞
至陝省販運之塩並請嚴禁不准在山西發賣
一塩課應免加耗也查塩課一項與正項錢糧不同應
請通飭地方官於徵收之時不得擅加耗銀並載入
賦役全書永為定例
一鳳翔等九州縣紙價銀兩應題行刪除也查鳳翔府
八屬及長武一縣共有紙價銀五十七兩八錢九分
一厘原為領引紙張之費今課歸地丁例不領引則
此項紙價銀兩應請題行刪除以與新例相符

一塩課宜就近解交西安藩庫也查陝西塩課攤入地丁則晉省永無招商領引發運行塩之事亦無商交官課名目所有咸寧等四十三廳州縣及鳳翔等九州縣徵貯銀兩應請一槩就近解交西安藩庫隨正項錢糧一體奏銷其應支将軍都統養廉亦應在司庫支給按年造報撥用庶錢糧款項不致牽混

一塩課宜另立由单也查塩課係另欵徵解之項若於地丁由单内增入並徵與上年數目互異雖經明白曉諭尚恐愚民無識妄疑加賦應請另立由单無論

有閏無閏照數催徵使小民知係另欵應徵之項不
致嘖有煩言並請通飭各地方官於有閏無閏之年
核明數目刋刻每正銀一兩徵鹽課銀若干字樣戳
記印於易知由單內以杜書役影射浮冒之弊且將
来遇有蠲免錢糧年分亦易於辦理矣
以上各條本司道等管見所及是否有當伏乞
憲臺察核移咨
河東鹽院會同具
奏等情到本部院據此相應咨覆為此合咨

貴部院請煩查照核辦會
奏見覆施行

議覆陝西咨商各條司詳

為遵札議詳事本年十一月二十三日蒙

憲札准

陝西撫部院咨覆課歸地丁一事飭令本司即將来咨各款逐加確核妥議詳覆並應否再咨陝西酌議之處亦即迅速具詳以憑核咨等因蒙此本司除照来咨逐一按款另摺具覆外查攤課一節從前原

奏係三省均攤其均攤之故緣各省州縣不能分攤推之三省亦然查山西省領引行鹽四十四州縣並領

引只納課稅陽曲等四十四州縣共鹽課銀一十八萬二千四百一十餘兩共地丁二百八十三萬二千七百一十餘兩陝西省領引行鹽四十三廳州縣並領引只納稅銀鳳翔等九州縣共鹽課一十三萬一千四百五十餘兩共地丁一百四十七萬二千一百一十餘兩河南省領引行鹽三十二州縣共鹽課一十九萬九千八百一十餘兩共地丁六十六萬六千四百一十餘兩以上三省鹽課地丁若欲分省各攤山西每地丁一兩該攤鹽課六分四厘零陝西每地

丁一兩該攤鹽課八分九釐零河南每地丁一兩該攤鹽課二錢九分九釐零多寡懸殊未免偏枯即以三省各州縣而論鹽課地丁亦有多有寡若必分州分縣各攤多少之間更覺懸殊其在山西如鳳臺縣地丁六萬二千六百二十餘兩鹽課一萬二千三百九十餘兩每兩攤銀幾至二錢蒲縣地丁六千八百一十餘兩鹽課二百餘兩每兩攤銀不過三分有零其在陝西如潼關廳地丁一千一百九十餘兩鹽課八千三百六十餘兩每兩攤銀幾至七兩蒲城縣地

丁一十一萬三千四百一十餘兩塩課三千九百餘兩每兩攤銀不過三分有零其在河南如皋縣地丁二萬五千四百一十餘兩塩課三萬九千八百七十餘兩每兩攤銀幾至一兩五錢六分有零閿鄉縣地丁三萬六千六百五十餘兩塩課二千八百三十餘兩每兩只攤銀七分七厘有零同一課歸地丁而多寡相懸既非平允勢亦難行是一省之州縣不能分攤推之三省亦不能分攤也在三省雖有畛域而百姓皆係

皇上赤子似當一視同仁所以原議統計均攤以免偏枯
嗣奉
廷議今於河南引多地方較現在均攤九分有餘之數
由該省酌並均攤不使山陝二省者重於調劑之中
微寓權衡之道等因當經咨明河南議增並由河南
徑咨陝西酌議咨覆會
奏去後旋准河南咨覆該省每年正賦之外尚有
奏明河工歲料帮價及搶險之年加徵銀數均係按糧
攤徵其鹽課一項應於原議之數量為加增每地丁

一兩攤銀一錢三分以昭平允復准陝西咨覆以該
本省應徵鹽課每兩計攤八分九釐零若再為加攤
河南鹽課未免著重偏枯碍難遵行等因本司復查
河南每兩攤銀一錢三分共攤銀八萬六千六百三
十三兩九錢七分零六毫七絲核之河南本省應徵
鹽課一十九萬九千八百一十餘兩除去已攤尚有
未攤銀一十一萬三千一百八十餘兩在於山陝二
省地丁內攤徵加以山西本省應徵鹽課銀一十八
萬二千四百一十餘兩陝西本省應徵鹽課銀一十

三萬一千四百五十餘兩共銀四十二萬七千四十
餘兩統計均攤每兩一律各攤銀九分九厘二毫零
二忽三微四纖八沙七塵山西共攤銀二十八萬一
千零二十二兩一錢九分零一毫一絲七忽八微六
纖六沙八塵六渺二埃二漠核之山西本省應徵鹽
課一十八萬二千四百一十餘兩代攤河南銀九萬
八千六百餘兩陝西共攤銀一十四萬六千零三十
七兩一錢五分七厘三毫三絲四忽七微一纖四沙
五塵八渺一埃三漠核之陝西本省應徵鹽課一十

三萬一千四百五十餘兩代攤河南銀一萬四千五
百餘兩今河南業已咨覆量爲加增而陝西又以代
攤河南盬課銀兩未便遵行彼此各有意見往返咨
商迄無定論況原
奏以乾隆五十七年爲始歲內爲日無幾未便久稽均
似無庸再行咨商可否仰懇
憲臺查照三省盬課地丁並業經咨商各緣由恭摺
具
奏請

旨仍飭大學士九卿核定攤數行令三省遵照辦理至運
鹽一事原
奏以乾隆五十七年爲始停止商運則民運池鹽應即
聲明先期通行曉諭以便轉運無悞其河陜二省路
程較遠作何辦理較爲妥協之處並遵
廷議會同詳晰查明統入善後事宜内辦理再河南陜
西業已咨商無庸會銜具
奏本司管見所及是否有當理合具文詳請
憲臺查核

謹將陝西咨議各條逐一登覆於後

一咨稱河南省未攤銀一十一萬三千餘兩在於山陝

二省地丁四百三十餘萬兩内加攤每兩該攤銀二

分六厘零加以本省每兩該攤銀八分九厘零共攤

銀一錢一分五六厘未免著重似涉偏枯且與前奉

部議不符碍難遵行等語查河東正雜盐課原議三

省均攤今遵

廷議除河南酌增另攤外所有山陝二省盐課銀三十

一萬四千餘兩自應仍照原議統計均攤加以代攤

河南銀一十一萬三千餘兩統入山陜二省地丁四百三十餘萬兩內照數均攤每兩一律各攤銀九分九厘二毫零二忽三微四纖八沙七塵仍是九分有餘之數並未攤至一錢一分五六厘

一咨稱陜省邠乾各屬程途遥遠與商各屬徑路崎嶇恐民販不能依期而至未免欠食之虞又稱邠乾與花馬池相近興商與川省相近均有隣境可食之鹽請於河東鹽觔不到之時聽民買食並此外延北各屬與向食蒙古鹽之處均不可不如此變通等語查

課歸地丁私盐弛禁業於善後事宜内聲明即有就
近買食土盐花馬池盐蒙古盐之類一槩不許禁阻
陝省如有逶遠路阻河東池盐一時不能運到之處
自應變通不拘何處盐觔聽便買食以資接濟
一咨稱新政初行小民前赴産盐地方興販售賣往返
需時其路程遥遠之處更難刻期運到若驟將引盐
停止辦理未免周章所有河東引盐停止日期應量
為區别五百里以内以五十七年四月為始五百里
以外以七月為始並請於覆

奏後即行出示曉諭俾遠近得以周知等語查課歸地
丁原
奏以乾隆五十七年為始所有本年八月間應領五十
七年額餘引張並未赴
部請領該商等無引可領則停運日期礙難限以四
月七月為始惟是鹽聽人運無引無課小民獲利之
事自必踴躍爭先無虞短缺民食其運商中或有自
願照舊運鹽地方發賣者應聽其便現在擬即通行
出示曉諭以招民販並於善後事宜內聲明

一咨稱鹽池各有畦主誠恐牟利之徒居奇壟斷任意
高擡因而民販舖戶層層加增並或串通衙門胥役
私立名目多方刁難而所過關津渡口又或把持揹
勒致使販運不前民有淡食之虞應請嚴定價值並
曉諭畦主及衙門胥役各處關津渡口均毋得藉端
滋事等語查河東池鹽向不定價況課歸地丁鹽聽
民運如布帛菽粟無需官為定價至或恐坐商居奇
致累客販自應嚴加申飭其各衙門胥役人等及關
津渡口並應通飭嚴加約束業經入於善後事宜條

內均毋庸另為置議

一咨稱盐池坐落山西運城恐畦主先儘本省民販買運以致陝省民販守候需時請將稞盐數目按照向日行引地方食盐多寡先期撥定以便陝省民販到彼即可領運並請將陝省販運之盐嚴禁不准在山西發賣等語查河東池盐運供三省民食向來商人按引行盐有盐之家皆可赴買人、各稱便若先期撥定恐賣主反得居奇況民運更與商運額定盐數者不同毋庸預期撥定

一咨稱盐課一項與正項錢糧不同應通飭地方官於
徵收之時不得擅加耗銀等語查盐課銀兩例不加
耗今歸地丁應隨地丁徵納業於善後事宜内聲明
仍免加耗
一咨稱鳳翔等九州縣紙價銀兩應槪行刪除等語查
紙價一項原為請領引張之費今課歸地丁毋庸請
領引張所有三省領引一百七十二廳州縣共紙價
銀二千兩零八錢四分一厘業於善後事宜内聲明
均免解納其鳳翔等九處無庸另為置議

一咨稱咸寧等五十二廳州縣應徵盐課就近解交西
安藩庫隨正項錢糧一體奏銷其應支將軍都統養
廉亦應在司庫支給按年造報撥用等語查盐課既
歸地丁自應就近各解本省藩庫交納其西安將軍
都統等養廉並應就近在於西安藩庫支給業經統
入善後事宜内聲明辦理無庸另行置議
一咨稱盐課係另款徵解之項若於地丁由单内增入
併徵與上年數目互異恐愚民無識妄疑加賦應請
另立由单無論有閏無閏照數催徵使小民知係另

款應徵之項不致嘖有煩言並請通飭各地方官核明數目刊刻每正銀一兩徵鹽課銀若干字樣印於易知由單內以杜書役影射浮冒之弊將來遇有蠲免錢糧年分亦易於辦理等語查鹽課一項係另款銀兩自應另款徵解以免混淆仍於徵糧易知單內註明每地丁一兩完鹽課銀若干雖遇蠲免地丁之年此項不在蠲免之列業於善後事宜內逐一聲明辦理均無庸另為置議

以上九條謹就本司管見所及逐一登覆是否有

當伏候
憲裁
院批
仰候會
奏另摺登覆各款亦經咨覆
陝撫部院矣此繳

課歸地丁全案卷二

覆奏三省酌攤盐課摺

奏為遵
旨會議具奏事竊照河東盐課改歸地丁一案臣等接准
部咨大學士九卿會奏應令河南引多地少較現擬
均攤九分有餘之數酌量增攤不使山陜二省着重
應交山西陜西河南三省巡撫會同籌酌定議具奏
等因奉
旨依議欽此咨行到臣臣等遵查河東池盐行於山西陜

西河南三省在山西則有領引行鹽之臨汾等四十四州縣並領引只納稅銀之陽曲等四十四州縣共完課稅銀十八萬二千四百十二兩零陝西則有領引行鹽之咸寧等四十三廳州縣並領引只納稅銀之鳳翔等九州縣共完課稅銀十三萬一千四百五十一兩零河南則有領引行鹽之襄城等三十二州縣共完課銀十九萬九千八百十九兩零三省共完正雜課稅銀五十一萬三千六百八十餘兩又查山西行鹽各屬歲徵地丁銀二百八十三萬二千七百

十七兩零陝西行盐各屬歲徵地丁銀一百四十七萬二千一百十三兩零河南行盐各屬歲徵地丁銀六十六萬六千四百十五兩零三省行盐各屬共歲徵地丁銀四百九十七萬一千二百四十餘兩合計三省中山陝二省地丁多而課銀少河南省地丁少而課銀多若分省分州分縣各自攤徵則攤數多寡太覺相懸若三省一律均攤則山陝二省代河南攤銀稍多未免著重誠如大學士等所議應於河南省酌量增攤庶於調劑之中微寓權衡之道臣等往返

咨商悉心籌酌查得河南省每年額徵正賦之外尚有
奏明河工歲料帮價及搶險之年加徵銀數均係按糧攤徵較之他省稍覺繁重所有鹽課一項攤數不便過多應照原議均攤九分有餘之數量增三分有餘每地丁一兩攤徵銀一錢三分俾攤數稍見加增而民力仍臻寬裕查河南本分應徵鹽課銀十九萬九千八百一十九兩零令攤徵銀八萬六千六百三十三兩零尚有攤剩銀十一萬三千一百八十餘兩若

在於同行河東引盐之山西陝西二省各屬地丁内
代爲攤徵猶屬衆擎易舉加以山西本省應徵盐課
銀十八萬二千四百一十二兩零陝西本省應徵盐
課銀十三萬一千四百五十一兩零共盐課銀四十
二萬七千四十餘兩在於地丁内通計均攤每兩一
律各攤銀九分九厘零山西共攤銀二十八萬一千
零十二兩零核之山西本省應徵盐課十八萬二千
四百一十二兩零計代攤河南銀九萬八千五百餘
兩陝西共攤銀十四萬六千零三十七兩零核之陝

西本省應徵鹽課十三萬一千四百五十一兩零計代攤河南銀一萬四千五百八十餘兩統而計之河南省每地丁銀一兩攤鹽課銀一錢三分山西陝西二省每地丁銀一兩攤鹽課銀九分九厘零多寡已有區別與原奉大學士等所議河南省酌量增攤之處相符洵足以昭平允而垂久遠再查原
奏均攤九分有餘之處彼時三省中惟山西本省地丁已有確數其河南陝西地丁銀數止憑縉紳所載約畧計算今河南陝西查明行鹽地方各地丁確數連

山西實共止銀四百九十七萬一千二百四十餘兩
是以河南稍增之外山陝二省仍屬九分九厘零又
原
奏所稱河東行盐正課雜項四十八萬餘兩只就現在
商完正雜銀數而言其領引納稅不行河東盐之山
西陽曲等四十四州縣陝西鳳翔等九州縣不在其
內今三省盐課地丁通融攤辦所有山西陽曲等四
十四州縣應徵稅銀一萬九千一百五十四兩零陝
西鳳翔等九州縣應徵稅銀六千九百七十八兩零

二共銀二萬六千一百三十餘兩自應統歸商課內
一體攤徵是以共該正雜鹽課銀五十一萬三千六
百八十餘兩合併陳明其運鹽一切善後事宜現亦
酌定章程另行奏請
訓示所有臣等會議改攤三省鹽課銀數緣由謹合詞恭
摺具
奏伏乞
皇上睿鑒
勅下原議大臣核覆施行謹

奏　乾隆五十六年十二月二十八日奉
硃批原議大臣議奏欽此

大學士九卿議奏攤徵盐課摺

大學士公阿　等謹

奏為遵

旨議奏事内閣抄出河南巡撫穆和藺等會奏河東盐課改歸山西陝西河南三省行盐州縣地丁款内酌擬攤徵一摺乾隆五十六年十二月二十二日奉

硃批原議大臣議奏欽此欽遵於本月二十五日抄出到部該臣等會議得河南巡撫穆和藺等會奏稱竊照河東改課歸丁一案臣等接准部咨大學士九卿會

奏議令河南引多地方較現擬均攤九分有餘之數酌量增攤應交山西陝西河南三省巡撫會同籌擬具奏等因咨行到臣遵查河東池鹽行於山西陝西河南三省在山西則有領引行鹽之臨汾等四十四州縣並領引只納稅銀之陽曲等四十四州縣共完課稅銀十八萬二千四百十二兩零陝西則有領引行鹽之咸寧等四十三廳州縣並領引只納稅銀之鳳翔等九州縣共完課稅銀十三萬一千四百五十一兩零河南則有領引行鹽之襄城等三十二州縣

共完課銀十九萬九千八百十九兩零三省共完正雜課稅銀五十一萬三千六百八十餘兩又查山西行鹽各屬歲徵地丁銀二百八十三萬二千七百十七兩零陝西行鹽各屬歲徵地丁銀一百四十七萬二千一百十三兩零河南行鹽各屬歲徵地丁銀六十六萬六千四百十五兩零三省行鹽各屬共歲徵地丁銀四百九十七萬一千二百四十餘兩合計三省中山陝二省地丁多而課銀少河南省地丁少而課銀多臣等悉心籌酌河南省每年正賦之外尚有

奏明河工歲料帮價及搶險之年加徵銀數均係按糧攤徵較之他省稍覺繁重所有盐課攤數不便過多應照原議均攤九分有餘之數量增三分有餘每地丁一兩攤徵銀一錢三分俾攤數稍見加增而民力仍臻寬裕查河南本分應徵盐課銀十九萬九千八百十九兩零今攤徵銀八萬六千六百三十三兩零尚有攤剩銀十一萬三千一百八十餘兩若在於同行河東引盐之山西陜西二省各屬地丁内代為攤徵猶屬衆擎易舉加以山西本省應徵盐課銀十

八萬二千四百十二兩零陝西本省應徵鹽課銀十三萬一千四百五十一兩零共鹽課銀四十二萬七千四十餘兩在於地丁內通計均攤每兩一律各帶銀九分九厘零山西共攤銀二十八萬一千十二兩零核之山西本省應徵鹽課銀十八萬二千四百十二兩零計代攤河南銀九萬八千五百餘兩陝西共攤銀十四萬六千三十七兩零核之陝西本省應徵鹽課銀十三萬一千四百五十一兩零計代攤河南銀一萬四千五百八十餘兩統而計之河南省每地

丁銀一兩攤盐課銀一錢三分山西陝西二省每地
丁銀一兩攤盐課銀九分九厘零零零零已有區別與
原奉大學士等所奏河南省前奉准攤入之處細算再
查原奏內攤九分有餘之處約略計算今查明行盐
地方各地丁銀數實在徵銀四百九十七萬一千二
百四十餘兩是以河南攤盐之外不敷三分仍屬九
分九厘零又應添行河東行盐正課銀項四十八
萬餘兩只就現在應完正課銀數而言其領引納稅
不行河東盐之山西陽曲等四十四州縣應徵稅銀

一萬九千一百五十四兩零陝西鳳翔等九州縣應
徵稅銀六千九百七十八兩零二共銀二萬六千一
百三十餘兩應統歸商課內一體攤徵是以共該正
雜鹽課銀五十一萬三千六百八十餘兩合併陳明
其運鹽一切善後事宜現亦酌定章程另行奏請
訓示所有臣等會議改攤三省鹽課銀數緣由謹合詞恭
摺具奏等因前來臣等伏查河東改課歸丁一案前
據山西巡撫馮光熊奏請自乾隆五十七年為始將
應徵鹽課雜項在山西陝西河南三省行鹽完課之

一百七十二廳州縣地丁項下均攤每兩攤銀九分
有餘經臣等議以山西陝西二省引少而地丁較多
河南一省引多而地丁較少若均勻攤派於地丁較
多之山陜二省未免向隅或令河南引多地方較現
擬地丁每兩均攤九分有餘之數由該省酌量增攤
似於調劑之中微寓權衡之道應交三省巡撫會同
酌議具奏等因在案今據河南巡撫穆和藺等會奏
稱河南省每年正賦之外尚有奏明河工歲料帮價
及搶險之年加徵銀數均係按糧攤徵較之他省稍

覺繁重所有鹽課攤數未便過多應照原議均攤九
分有餘之數量增三分有餘每地丁一兩攤徵銀一
錢三分其山西陝西二省每地丁一兩仍應一律攤
徵銀九分九厘零等語自係就豫省情形通盤籌畫
俾攤數雖見加增而民力仍臻寬裕且核與臣等原
議相符應如所奏辦理至河南本省每年應徵鹽課
銀一十九萬九千八百餘兩今攤徵銀八萬六千六
百餘兩尚有攤剩銀一十一萬三千一百餘兩奏請
在於同行河東引鹽之山西陝西二省各屬地丁銀

内代為攤徵每兩攤銀九分九厘零是河南一省每
地丁一兩增攤鹽課銀一錢三分而山西陜西代河
南攤徵鹽課每兩仍不越九分九厘之數所辦亦屬
平允應請行令該撫等查明該三省行鹽州縣原徵
地丁及現在新攤鹽課各細數分晰造冊送部俻核
至一切善後事宜該撫等既稱現在酌定章程另行
具奏應俟奏到再議此摺係户部主稿合併陳明為
此謹
奏請

旨五十七年正月初九日奏本日奉

旨依議欽此

呈覆民販緩運毋庸置議司詳

為懇恩寬限以銷官引以裕課項事本月二十七日

蒙

憲臺批據商人尉世隆等禀稱緣河東盐務一事蒙

恩調劑課歸地丁商等惟有焚香頂禮何敢多瀆但

因商等現在所領十四萬道餘引每年係冬季出場

春季運發目下即欲趕運奈河凍氷結船隻難行所

以未曾出場者尚有八九百名務待來春河開氷觧

方能運到口岸若小販發動無引之盐與商等之盐

成本懸殊商等有課之塩自難銷售商等情急理合
公懇
憲恩將小販無引之塩立一限期遲緩數月使商等
有課官塩得以疏銷以憑封納課項商等均感鴻慈
靡涯矣蒙批仰布政司會同運司詳籌妥議具覆察
奪等因奉此本司遵查該商等所稟現領餘引十四
萬道因河凍氷結一時趕運不及懇將小販無引之
塩立限暫緩運發以疏官引等情查課歸地丁原
奏以乾隆五十七年為始自應即於五十七年春間聽

民買食無課之鹽若仍禁民運是民既納課又出貴價買食有課之鹽殊非平允况河東運商五十餘家行鹽引地一百一十九州縣並非處處皆有餘引若欲暫緩民運一例通行在有餘引地方尚可辦運而無餘引地方既無民運又無商運必有淡食之虞再查民間食鹽全資運販源源而來方能接濟若俟運商引鹽賣完始准民販運鹽發賣萬一短缺民食大有未便所有立限暫緩民運之處應毋庸議至該商等現存未完餘引應飭趕緊運銷不得藉詞延悞再

現准河南陝西咨覆到齊擬於覆
奏內聲明先期出示曉諭招集民販運盐年內為日無
幾可否無庸會同運司議詳致稽時日緣奉
飭議理合具文詳覆
憲臺察核為此備由另冊具申
院批
據詳運商稟請小販無引之盐立限緩運毋庸置議
緣由已悉仰即轉移運司飭諭各商趕緊運銷不得
借詞延悞繳

請飭運司轉飭各商與民一體販運司詳

為詳請飭遵事竊照河東塩務商力疲乏業蒙

憲臺

奏准自乾隆五十七年為始課歸地丁塩聽民運是以

五十七年應行額餘引張並未赴

部請領自應即於五十七年停止商運惟是河東池

塩向係商運無引不得行塩今立法之始聽民運塩

誠恐鄉僻愚民一時不能週知心存觀望況民販運

塩近者猶可肩挑背負隨時置辦遠者或需合夥朋

本赴池買運往返稽時若驟將運商撤去萬一民販
轉運不周淡食堪虞殊多未便本司再四籌酌除一
面詳請
憲臺會同河陜二省通行曉諭招集民販外應請札
飭運司轉飭各商按照行鹽引地與民間一體販運
立限取結以一年為度務期多積鹽觔以濟民食在
該商等辦運有年一切駕輕就熟且係無課之鹽處
處獲利自當樂從俟該處民販雲集鹽觔充裕亦許
該商隨時停運倘民運不前而該商遽即停運以致

短缺民食仍惟該商是問如此於善後之計更為周

密本司管見所及是否可行理合具文詳請

憲臺察核

院批

仰候撫飭運司轉飭遵照辦理繳

曉諭商民運販告示

為曉諭事案照河東池盐行銷山西陝西河南三省向係簽商行運以供民食嗣因商力疲乏節經設法調劑降換商加價之外更無善策而盐價亦因之日昂深於閭閻未便是以本年六月間欽奉

諭旨酌改盐課攤歸地丁業經本部院率同蔣布政司籌酌定議恭摺具

奏復經

大學士公阿　等核議覆

奏奉
旨允行在案查原
奏定以乾隆五十七年為始停止商運自應即於五十
七年春季為始任聽民販所有招集三省民運池鹽
之處自應先期通行曉諭以便轉運無悞並洛明河
南陝西一例通行遵辦查河東向來商運池鹽必需
領引納課認地行銷鹽有定數行有定程而且引與
鹽不得相離所到之處官役盤詰關津阻留在在不
免多費以致商本有虧今自五十七年以後課歸糧

輸鹽聽人運不拘何處民人凡有貲本者均可赴池
隨時買鹽隨地售賣不必領引不必完課並無兵役
盤詰又無關津阻留更可不計鹽數之多寡聽其自
向坐商價買轆轤轉運該坐商等各圖長久主顧亦
不致昂價居奇是民運較之商運獲利必厚而坐商
中或有自願運鹽三省公平發賣者亦聽其便總之
民運池鹽如布帛菽粟人人皆得販運處處皆可流
通豪無滯碍即或有就近買食土鹽及蒙古鹽之類
亦概不許禁阻要期民食充裕鹽價平減以仰副我

皇上嘉惠黎元之至意誠恐城鄉居民一時不能遍知合
行曉諭為此示仰闔屬人等知悉自乾隆五十七年
為始河東池鹽改歸民運凡屬河東行鹽之地一切
小民俱准赴池買運無引無課獲利甚便毋得心存
觀望坐失事機倘有胥役地棍人等從中阻撓揑詞
需索許運鹽之人稟報所在有司衙門立時拏究但
不得侵越長蘆兩淮行鹽境內致礙鄰封引地事關
奏明奉
旨之件各宜欽遵毋違特示

曉諭攤徵盐課告示

爲曉諭事案照河東盐課改歸地丁完納一案先経

本部院會同

河南陝西撫部院酌議具

奏奉

旨允准河南省領引行盐之洛陽等三十二州縣每地丁銀一兩攤徵盐課銀一錢三分陝西省領引行盐之咸寧等四十三廳州縣並領引只納課稅之鳳翔等九州縣山西省領引行盐之臨汾等四十四州縣並

領引只納課税之陽曲等四十四州縣每地丁銀一兩各攤徵𥂁課銀九分九厘二毫零二忽三微四纖八沙七塵自此攤徵之後𥂁無課税亦無販私之禁人人皆得買食賤𥂁不惟向食池𥂁之州縣並無重徵税銀計其所省足數攤課之費即向食土𥂁及蒙古𥂁之州縣舊徵税課亦概予除免行之日久利益自見所有現攤課銀自五十七年為始各隨地丁完納第章程初定誠恐民間未及週知妄生疑惑實則攤入丁賦雖較舊額稍增而免食貴𥂁實多便益合

行曉諭為此示仰應完課銀各州縣軍民人等知悉
爾等各照後開應完銀數按年完納免其加耗仍由
該地方官刊刻易知单註明應攤數目給付花戶收
執以杜浮收等弊再塩課歲有常額雖遇蠲免地丁
之年此項不在蠲免之列事關奏
旨查辦之件各宜欽遵毋違特示

會奏善後章程摺

奏為酌擬鹽課改歸地丁善後章程仰祈

聖鑒事竊照河東鹽課改歸地丁一案先經臣率同藩司

蔣兆奎遵

旨悉心籌議奏奉

俞允復經臣會同河南陝西二撫臣遵照大學士等所議

將河南課銀量為增攤山陝二省仍畫一攤派恭摺

具

奏在案茲復將一切善後章程往返咨商分條酌議敬

陳

聖鑒

一課銀應年清年款各解本省藩庫也查河東盐課從無拖欠今攤入地丁應於徵糧易知单内註明每地丁一兩帶完盐課銀若干盐課免其加耗字樣雖遇蠲免地丁之年不在蠲免之列該三省地方官按數徵收随地丁各解本省藩庫報撥仍留課銀名目凡徵收報解俱另列一款以免混淆其經徵各廳州縣如按年徵解全完照例議叙如催徵不力致缺定額應

令催徵不力之員賠完並取職名送
部議處
一歸公節省等項應分省各解也查河南省有唐縣歸
公銀一萬二千四十三兩六錢五分四厘裕州歸公
銀一千兩山西省有潞澤節省銀二萬兩向於每年
十月解赴內務府交納此三項今已攤入地丁之內
嗣後唐縣裕州歸公銀兩每年於河南徵收課銀內
提出隨時帶解內務府交納潞澤節省銀兩每年於
山西徵收課銀內提出隨時帶解內務府交納又有

各役空缺工食一項向由運司批解内務府充用嗣
後遇有此項銀兩應由山西藩庫帯解内務府交納
一寧夏将軍等養廉應照舊關支也查寧夏将軍等養
廉銀二千兩凉莊副都統等養廉銀二千兩向在運
庫動支每遇塩課撥解甘餉時順便搭解今塩課既
歸藩庫應於藩庫撥解甘餉時搭解又有西安将軍
副都統養廉銀一千六百兩向係該處差官自赴運
庫支領嗣後應即在陝西藩庫塩課項下就近動支
以免遠涉

一行鹽引張宜停也查行銷河東鹽者山西河南陝西共一百二十一廳州縣又止完鹽税山西之陽曲等四十四州縣陝西之鳳翔等九州縣歲領額引四十二萬六千九百四十七道餘引二十四萬道今課歸地丁無需商運所有每年行鹽之部引毋庸再領紙張銀兩應免解納領繳雜費均歸節省其內閣飯食銀二百兩翰林院庶吉士規禮銀八十兩都察院飯食銀二千六十二兩戶部飯食銀六百兩俟部議覆准應夫之後在於藩庫徵收鹽課項下照數動解

課歸地丁全案

一私鹽之禁宜弛也行鹽地方最防私梟充斥官引壅滯是以例禁綦嚴今課歸糧輸鹽聽人運不特河東之鹽人人可以販運即間有就便買食土鹽花馬池鹽蒙古鹽之類亦不許地方官禁阻並不許私收稅錢如此則處處有鹽民食可無缺乏之虞至或恐池鹽侵越鄰境查河南雖有界連長蘆行鹽地方然長蘆之鹽高於河東且係水運價亦賤於河東無虞越賣汝寧一府行銷淮鹽去河東頗遠亦無碍彼處口岸惟界連湖北之處恐有越販應飭該地方官留心

緝禦但在本境販賣並未越界者不得藉口混拿以致販運不前民食不繼至陝西界連之四川甘肅從未有河東池鹽越賣至彼者毋庸置議

一司鹽各官宜裁也鹽政各官原為經理鹽務而設今課歸地丁撤去運商鹽聽人運已無專司之事所有鹽政運司運同經歷知事庫大使並三場大使一概請裁俸廉節省其各衙門案卷 運司卷案照河東道衙門存貯外鹽政係巡撫兼管一切案卷應仍存巡撫衙門酌留書吏二 名責令經管照舊給與工食餘

皆裁汰運同經歷知事庫大使並三場大使等衙門
案卷應分别歸於河東道衙門各科房存貯備查其
書役人等一併裁汰工食統歸節省所遺衙署除鹽
政署久經留為巡撫行署毋庸置議運司署應改為
河東道署運同署應留為公廨經歷庫大使三場大
使署均變價充公知事署應將鹽池司巡檢移駐所
遺鹽池司署亦變價充公各該員有借項修理衙署
未完銀兩今應即以變價銀兩劃抵歸款再　各官裁
缺應定以五十七年十月為期緣五十七年　尚有各

商應完五十六年額餘課銀例於十月奏銷且向例
額引隨課完繳餘引展限一年今趕辦奏銷應飭額
餘一併完繳俟奏銷後即將鹽官裁撤運司給咨送
部引
見請
旨飭用運同經歷知事場庫大使給咨赴部照例另補試
用各官咨部改掣分發一切印記屆期概行繳銷至
鹽政係臣兼管本年十月以前
題本文案可以蓋用巡撫關防應於定案接准部覆後

先將鹽政印信繳銷

一運城應移駐道員也運司向駐運城人烟輻輳每當澆晒之時工作人夫盈千累萬且畦主供給人夫攜有糧食錢文收起鹽斤堆積池岸恐有盜賊覬覦買賣鹽斤並須酌平價值鹽池卑下慮有水患亦需保護非得大員彈壓經理難期一切妥善應將河東道移駐運城運司衙門管理諸務免致廢弛所遺河東道衙門查蒲州府城向無公館每遇差使住宿城外坡底店房屋淺狹照應亦難應留為差使經過住宿

之所吏役人等聽其帶往運城其運司一切案卷應
移交河東道存貯備查運司書吏應酌留户房四人
經管畦務工房二人經管渠堰禁墻事務吏禮兵刑
四房均有經管事件應各留一人共留十人以資料
理所需紙筆飯食照舊支給快皂各役亦資巡查渠
堰禁墻鹽場諸務一併留供差遣工食照舊支領餘
皆裁汰再查河東道原駐蒲州府城西南與陝西交
界除附府永濟縣其餘道屬州縣俱在東北今移駐
東北安邑縣之運城於本屬呼應甚捷惟該道有核

課歸地丁全案

轉所屬直隸州命盜案件之責向在蒲州府城駐劄遇有解審人犯就近飭發永濟縣寄監今運城離安邑縣城十五里若發縣寄監殊為不便應將運司衙門原設監獄並禁卒四名照舊存留并留工食等費其從前管獄之經歷司業經裁缺查有解州州判於乾隆二十七年移駐運城應令就近帶管河東道監獄以昭慎重至該州判所管馬快八名係雍正十三年設立巡查今私鹽弛禁應請裁汰以節冗費巡馬八匹變價歸款

一巡檢三員應留也查塩池司長樂司聖惠司三巡檢向係運司所屬專為緝私而設今雖私塩弛禁而塩池週圍一百二十里地面遼濶奸宄易於潛藏且當澆晒之時外來工作人夫難保無攘竊爭鬧之事未便乏員經理應請將巡檢三員飭令分管三場稽查巡緝並督勸澆晒以供運販向例每年收刮新塩及舊存陳塩於九月完場後由運司委場員查丈實數詳請具

奏配運今塩聽民運無需稽考應毋庸查丈辦理仍令

鹽池司管中場移駐知事衙門長樂司管西場聖惠司管東場各駐原衙門遇有地方官應辦事件該巡檢具報河東道按界分飭解州安邑縣查辦不得擅受濫管所有池内原設巡役斗級照舊存留歸三巡檢分管墻外所設弓兵商役並三禁門商巡除弓兵係巡檢額役留供差遣外商役商巡向係運商出貲僱覓今運商裁去經費無出且私鹽弛禁此項冗役並應裁去其三禁門亦歸三巡檢就近分管並令巡墻弓兵兼司禁門啓閉但不得藉口稽查留難需索

該巡檢俸滿大計即由河東道考核廉俸工食均於
藩庫徵收盐課並額編項下照數支給
一運學應照舊存留也運城向有坐商運商二項行盐
者謂之運商晒盐者謂之坐商亦稱畦主運學本為
有畦坐商而設其運商之有畦地者即同坐商其子
弟亦准與坐商子弟一體考試文武童生由運司録
送學政考取歲考取入文生十名武生四名科考止
取文生十名又額設廩增生各二十名今運商雖裁
坐商仍在若將運學裁廢似非廣育人材之道且該

處建有
文廟春秋祀典不可乏員經理查太原府屬之清源縣
縣雖裁而學仍留應照此例仍留運學其原設教授
訓導各一員應仍留資訓課兼理春秋祀典遇有俸
滿等事由河東道考核俸廩工食並廪糧等銀仍於
藩庫徵收鹽課並額編項下照舊支給其文武考試
公費並請照舊動支節省餘銀報部候撥
一鹽池宜保護也河東鹽池形如釜底大雨時行之後
若南山一帶客水羣趨於池即滙而為湖鹽池遂廢

是以歷來籌畫築堰以禦水開渠以洩水留灘地以容水週圍復設禁牆以資防護而渠堰禁牆歲修並各堰戶工食向於運庫支銷銀五千兩今雖課歸地丁仍澆晒畦鹽以供三省民食池鹽不可廢則歲修不可除應請照舊每歲在於藩庫徵收鹽課項下支銀五千兩由河東道請領委員修理以護鹽池永留美利如經理不善池有損壞即將河東道叅賠治罪再查三場共畦五百八十五號各立商名詳報有案今畦地俱在應請飭商照舊管業遇有典賣畦地禀

明河東道立案查考又有六小池者坐落大池西北產鹽無幾時開時閉乾隆三十八年運商復墾以濟大池之不足今運商裁汰私鹽弛禁則所墾畦地應聽其便或照舊自晒或覓主接晒毋庸官為經理所設弓兵應請裁刪額編工食應歸節省

一鹽料應聽便運賣也坐商澆晒畦鹽利於速售以免銷耗惟遇旺產之年池鹽充裕一時不獲售主若任其露積在池消耗偷竊均所不免嗣後坐商晒成鹽料除聽人買販外亦許坐商自運三省任便出售如

有無力遠運情願運出禁門收貯棧房從緩售賣者
亦聽其便
一三門鹽秤四關牙行應存也查三禁門向設官秤抽
掣商鹽今鹽聽人運小販赴池買鹽與坐商自為交易
雖不必官為經理但毫無憑准易起爭端應令仿照
禁門舊秤式由河東道印烙另製官秤三桿給發三
場斗級收執凡有商販交易即以此秤為準原秤貯
庫以備較對又外來小販人地生疎非有牙行代為
經理難保無欺詐騙逃之弊河東舊有鹽牙不領牙

帖應請照舊設立由河東道點充以平市價而通商
販
一運塩道路過渡船隻應仍其舊也查運塩道路往往
有土棍把截勒索之弊即如永濟縣之東張村刁民
串通縣役藉稱塩車有妨兩旁田畝混行攔擋以致
自晉入陝之塩被其阻滯經前任撫臣暨臣派員查
勘嚴拏究處始得車運流通今改為小販運塩猶慮
有被阻情事現擬通飭各州縣嚴行曉諭凡遇運塩
道路不得稍有阻攔如有前項不法之人許該商販

稟明該地方官從重究懲鄉保并責又查茅津渡陌
底渡二處渡口為河南省行鹽必由之路向係運商
自置渡船以便往來今既無運商商船必廢即有民
間渡船不惟船少不足以資轉運且恐居奇刁難以
致商販阻格不前應將兩渡口現存商船即給該船
户收管嗣後商販運鹽過渡由河東道酌定渡錢出
示曉諭每百斤給錢若干以資養贍船有損壞責令
船户自行修補

一民運池鹽毋庸另立章程也查河東行鹽地方山西

近在本省固屬轉運近便即河陝二省亦有附近鹽
地如河南之陝州靈寶陝西之朝邑潼關等處相距
不過數十里及一百餘里均可朝發夕至其有程途
較遠之處商運可通即民運可到既無官課亦無雜
費又無兵役盤詰關津阻留人人可以獲利之事自
各爭先踴躍無憂販運不前毋庸另立科條徒多煩
擾轉啓窒碍惟當改制之始小民一時不能週知遍
悉臣等現在通行三省各州縣明白出示曉諭俾遠
近商民窮鄉僻壤咸知欽奉

恩旨除引免課私鹽弛禁自五十七年為始人人皆得販
運無不挾本争赴自得商販流通
一三省賣鹽應無分疆界也鹽既無課盡人可運自必
價值漸平第恐市棍佔據把持私立界限致使鹽價
增長大非便民之意臣等各自通飭所屬凡係河東
行鹽之地不拘何處商販隨在均許賣鹽如有把持
阻撓者查拏治罪俾鹽價愈臻平減民食益得充裕
一積餘併餘等銀應分别攤免也查商完引課零尾所
積每歲約得銀八十餘兩報部候撥此内三十四兩

四錢九分九厘係按額引歲徵官務銀十萬六千九
百十九兩七錢四分八厘每歲冊報止銀十萬六千
八百八十五兩二錢四分九厘漏報銀三十四兩四
錢九分九厘嗣經查出附入八十餘兩之內統謂之
積餘又商完課銀零收整兌每歲約多銀六百五十
餘兩不等解交内務府充用此内三錢五分五厘係
按額引歲徵正課銀十五萬二千四百九十五兩九
錢七分五厘每歲冊報止銀十五萬二千四百九十
五兩六錢二分漏報銀三錢五分五厘又八錢七分

二厘係按課歲收餘平銀一萬一千七百七十二兩九錢四分每歲冊報止銀一萬一千七百七十二兩六分八厘漏報銀八錢七分二厘俱查出附入六百五十餘兩之內統謂之併餘以上附入積餘併餘內者三項共銀三十五兩七錢二分六厘係昔年冊報之舛漏迄今未經更正茲已照數攤入地丁之內其向收積餘銀四十餘兩併餘銀六百四五十兩今課隨地丁完納既無零尾可積亦無零銀可併此項銀兩應請豁免再向有外結贓罰解交內務府充公今

私盐弛禁贓罰全無即偶有窃贓應歸解州安邑縣
地方官報解毋庸另案辦理
一蘆葦變價應裁也盐池南岸昔産蘆葦每歲約可變
價銀三四百兩不等乾隆七年
奏明留備公用原為粘補城垣祠廟及倉書斗級飯食
並歲解内務府飯銀之需迨後盐畦漸逼滷氣滋侵
蘆葦不生遇有前項公費皆係運商捐辦今運商裁
去未便空存其名應請革除所有前項公用除粘補
城垣等項原非年例必需應聽河東道隨時籌辦外

至內務府飯銀一百兩運阜倉倉書斗級歲支飯食
紙筆銀九兩已彙入擬留公用款內在於運司等裁
缺歸公養廉項下照數分別解給報銷
一各項雜款應改解藩庫也查安邑縣歲徵地租銀六
百五十兩二分二厘夏縣歲徵地租銀一百四十三
兩四錢向解運庫完納又安邑縣東郭村湯里村任
村三灘有地三千九百三十一畝零歲徵租麥變價
銀一百七十兩九錢八分五厘零向係運司經歷徵
解運庫完納又安邑縣夏縣聞喜縣絳縣各有鹽站

籽粒係明季運送王府食塩停車之地嗣給附近民
人墾種歲徵籽粒銀十兩二錢六分由該四縣分收
各觧運庫完納又安邑縣湯里等村舊有護池盛水
灘地歲收蘆價銀一百十七兩九錢七分六厘解運
庫完納令運司裁缺以上五項應令各該縣照舊徵
收解交藩庫報撥其運司經歷徵收之麥租改歸安
邑縣就近徵收報解

一運阜倉穀石應照舊存借也運城設有運阜倉雍正
六年動項發商買貯穀一千八百六十七石零迨後

積有盈餘先後添買又盤量長餘現今寔貯倉斗穀三千九百三十一石零例於春初出借坐商以資澆晒秋冬免息還倉歲底彚入社倉案内報部令坐商澆晒如常此項倉穀應請照舊存留惟該倉向係運司知事經管令知事裁缺應交駐劄運城之解州州判經管出入呈報河東道照例移司轉報查考

一運儲倉穀麥應分別歸併存留也查運儲倉於康熙二十二年經運使高夢説率屬捐貯穀四十六石盤量長餘今寔貯倉斗穀六十七石零每届三年出陳易

新免息還倉歲底彙入社倉案内與運阜倉穀一例報部今應將此穀歸併運阜倉内春初一併出借坐商以為澆晒資本又該倉歲收佃灘籽粒租麥三百七十石零爲養濟院給散孤貧之需向不報部應請仍舊收存照例給散惟該倉向係運司經歷所管今經歷裁缺亦應飭交駐劄運城之解州州判就近管理按年冊報

一鹽場所管佃灘籽粒應歸縣徵解也查安邑縣從善村介村有地一百八十六畝七分係護池灘地歲納

租麥三石七斗三升四合租穀五石六斗一合每歲
造册報部積至五年變價充餉係三場大使分管今
大使裁缺應將此項就近改歸安邑縣徵收五年變
價解交藩庫報撥
一鹽務公用銀兩應酌存也運城恭遇
萬壽元旦長至暨各廟祭祀朔望行香俱有應支款項今
運司雖裁而河東道移駐運城一切典禮所關自不
可廢其禮生門兵鐘鼓夫池神廟僧人廟學泉斗子
各有執事並應酌留照舊給與工食以符體制再查

鹽務公用銀兩向有定數今次酌擬存留如內閣等
處飯銀寧夏將軍等處養廉及修池築堰等項計銀
二萬一千六百五十六兩零酌擬裁減如刪汰官俸
役食及一切冗費計銀一萬六千二十六兩零現在
分別造具細冊咨送戶部查議統俟部議覆准後將
酌留銀兩造冊立案每歲由河東道在於藩庫徵收
鹽課項下照數支領分發如有節省充公
一花馬池等處鹽課應歸陝省題報也查陝省之漢中
府及延榆綏道屬每年徵收花馬池等處鹽課銀八

千九百八十一兩零係在河東鹽課之外向解西安藩
庫仍報河東鹽政附入鹽課冊具
題今鹽政裁撤此項銀兩應歸陝省就近題報又花馬
池設有定邊場大使因河東有兼轄之責每遇負缺
陞補向咨河東鹽政會核嗣後應毋庸咨會以歸覈
實
以上各條均仰體
聖主恤商便民務使利歸於下之至意或揆晉省情形或
就三省大局悉心商酌縷悉敷陳冀成經久無弊之

舉臣謹會同河南撫臣穆和蘭陝西撫臣秦承恩合

詞恭摺具

奏伏乞

皇上睿鑒

勅下原議大臣核覆施行謹

奏　乾隆五十七年正月十二日具奏二十三日奉

硃批原議大臣議奏欽此

酌擬應裁公用銀兩款項

一奏銷户部雜費銀二百兩

一領引繳引盤費共銀八百兩

一解紙硃價銀飯食銀二十三兩七錢四分七厘

一領餘引盤費脚價銀一百四十兩

一領續增餘引盤費脚價銀一百五十兩

一領續增餘引紙硃價銀飯食銀六兩三錢

一解續增餘引紙硃盤費銀三十兩

一賫投户科領續增餘引文批盤費銀八兩

一領續增餘引盤費脚價銀六十兩

一添補續增餘引紙硃飯食盤費銀一十二兩

一繳都察院循環簿四季共銀八十八兩

一添補繳都察院循環簿盤費銀四十兩

一賫本承差盤費銀二百兩

一送大計冊盤費銀五兩

一盐政運司養廉歸公銀九千兩係於雍正十三年奏減盐政養廉銀五千兩減去運司養廉銀四千兩

一盐政養廉歸公銀八千兩係乾隆四十三年全行裁省

一塩政紙硃銀四百兩
一塩政書吏裁省飯食銀一百二十八兩
一塩政書吏裁省廩給銀八百五十三兩三錢三分三
厘三毫三絲零以上二項塩政書吏原定飯食銀一百四十四兩廩給銀九百六十兩今因塩政裁缺酌留書吏二名應分得飯食銀一十六兩廩給銀一百零六兩六錢六分六厘六毫六絲零共應分得飯食廩給銀一百二十二兩六錢六分六厘六毫六絲零下餘飯食銀一百二十八兩廩給銀八百五十三兩三錢三分三厘三毫三絲零應歸節省
一塩政書吏火夫廚子三名共銀二十六兩四錢
一塩政門子四名共銀六十四兩久經裁省銀八兩

一塩政皂隷十二名共銀一百二十九兩六錢久經裁省銀二十一兩六錢

一塩政炮藥銀八十兩

一塩政清道旗二名共銀六兩

一塩政官頭二名共銀一十六兩

一塩政把門二名共銀一十二兩

一塩政上號吏工食銀二十一兩六錢

一塩政靜鑼搭爪令箭工食銀一十八兩

一塩政新春修理執事銀一百二十兩

一鹽政東房每遇接新鹽政盤費銀六兩

一鹽政稿房犒賞銀一十二兩

一鹽政後擁人役工食銀七十兩四錢

一鹽政快手工食銀二十八兩八錢

一鹽政舖兵二名共銀六兩久經裁省

一鹽政茶夫一名銀四兩久經裁省

一鹽政遞送公文舖司一名銀七兩二錢久經裁省

一鹽政廚子二名共銀二十四兩久經裁省

一鹽政火夫四名共銀二十八兩八錢久經裁省

一鹽政馬牌子四名共銀二十八兩八錢久經裁省

一鹽政看廳人銀四兩久經裁省

一鹽政轎夫四名共銀五十八兩八錢久經裁省

一鹽政吹手工食銀八十六兩四錢久經裁省

一鹽政民壯工食銀八十六兩四錢久經裁省

一運司養廉銀六千兩乾隆十五年裁減銀二千兩

一運司紙硃銀二百兩

一運司新春修理執事銀八十兩

一運司六房書辦裁省飯食銀二百八十四兩三分八

厘九毫零

一運司六房裁省紙價銀六十兩九錢五分二厘三毫八絲零以上二項運司六房書辦原定飯食銀三百七十二兩八錢紙價銀八十兩因河東道移駐運城酌留書辦十名應分得飯食銀八十八兩七錢六分一厘九毫零紙價銀一十九兩四分七厘六毫一絲零共應分得飯食紙價銀一百七兩八錢九厘五毫零下餘飯食銀二百八十四兩三分八厘九絲零紙價銀六十兩九錢五分二厘三毫八絲零應歸節省

一運司總收支三房廩工飯食銀四百一十八兩二錢七分五厘

一運司庫吏油紅銀二百七十八兩八錢五分

又新添銀四十兩

一運司庫吏並庫房飯食銀一百二十兩

一運司東房帖吏銀七十二兩

一運司兵房衣廩銀一十兩七錢二分五厘

一運司把五門壯快八名工食銀二十四兩

一運司門子飯食銀八十兩

一運司轎夫工食銀四十二兩

一運司巡庫兵工食銀一十五兩

一運司齊辦牙子甲首工食銀三十六兩

一運司武執事工食銀三十兩

一運司吏夫工食銀一十八兩

一運司燈夫工食銀九兩

一運司掃堂夫工食銀六兩

一運司馬牌子工食銀一十四兩四錢

一運司內更夫工食銀一十二兩

一運司搭爪人役工食銀六兩

一運司鋪氊人役工食銀三兩

一運司更夫冬衣更鑼油燭煤火飯食銀八十兩

一運司給三省運商支盐小票紙張印刷等銀四十兩

一運司廚子水火茶夫工食銀四十八兩

一運司後擁人役工食銀四十五兩

一中分司養廉銀三千兩

一中分司紙硃銀五十兩

一中分司新春修理執事銀四十兩

一中分司吏書犒賞飯食銀一百八十六兩四錢

一中分司吏書紙價銀四十兩

一中分司東房帖東銀五十兩

一中分司各役執事工食銀三十六兩
一中分司各役工食銀六十兩四錢
一經歷司養廉銀三百兩
一知事養廉銀三百兩
一經知吏役飯食銀二十四兩
一中場大使養廉銀三百兩
一東場大使養廉銀三百兩
一西場大使養廉銀三百兩
一三場書役弓手工食銀六百兩

一庫大使養廉銀三百兩向在院司養廉歸公項下動支

一庫大使書役飯食銀一十二兩

一三場鳥鎗火藥銀二百兩久經裁省

一運城司巡檢養廉銀二百五十兩久經裁省

一運城司巡檢書役飯食銀一十二兩久經裁省

一都司養廉銀三百兩久經裁省

一把總養廉銀一百兩久經裁省

一外委把總養廉銀四十八兩久經裁省

一四川都統養廉銀一千兩久經裁省

一西安將軍副都統裁汰養廉銀一千四百兩久經裁省

一奬賞急公商人酒筵銀四十兩

一
皇太后萬壽油燭銀七錢久經裁省

一
皇后千秋油燭銀七錢久經裁省

一賫詔官盤費銀二十四兩

一賸黃物料工價銀九兩四錢三分

一馬快八名工食銀九十六兩向在院司養廉歸公項下動支

一巡馬八匹草料銀一百五十九兩八錢四分向在院司養廉歸公項下動支

以上各項共銀三萬八千七百零二兩二錢九分八毫內除久經奉裁二萬三千六百七十五兩四錢外現擬應裁銀一萬六千二十六兩八錢九分八毫業於具奏善後事宜摺內聲明裁省其餘尚有換解霉爛引張買補倒斃巡馬等項均無定數應請一併裁省仍聽候

部議

酌擬留存公用銀兩款項開後

一內閣飯食銀二百兩

又解費銀三十兩

一都察院飯食銀二千六十二兩

一翰林院庶吉士規禮銀八十兩

又前二項解費銀五十兩

一户部飯食銀六百兩

又解費銀四十兩

一寧夏將軍等養鷹銀二千兩

一凉莊副都統等養廉銀二千兩

一西安將軍副都統養廉銀一千六百兩

一修築渠堰禁墻銀五千兩

又查勘渠堰禁墻各工程供應及各役飯食銀八十兩

一

萬壽油燭銀一兩三錢八分八厘

一元旦油燭銀七錢九分二厘

一長至油燭銀三錢一厘

一芒神春牛春花等物銀六兩一錢五分
一元旦晝四城門門神銀六兩二錢
一開場致祭三禁門祭品等銀四兩五錢
一春秋丁祭猪羊祭品等銀一百八十七兩四錢八分
一清明七月十五十月初一三次祭厲壇猪羊祭品等
銀二十二兩五錢
一三六九等月朔日祭池神廟猪羊祭品等銀一百四
十八兩三錢三分
一九月十三日祭開張二廟猪羊祭品等銀五兩八錢

三分

一春秋祭　關帝廟猪羊祭品等銀三十七兩五錢二

分八厘

一霜降祭旗纛神猪羊祭品等銀一十二兩八錢三分

一每月初一、十五日各廟香紙銀四兩三錢二分

一每月初一十五日宣講

聖諭鄉約工食銀一十二兩

一歲考文武生員給賞花紅銀七十兩八錢四分

一歲試武童設立篷廠等銀一十兩七錢五分

一科考賓興文武生員盤費花紅酒筵銀一百八十九兩二錢五分二厘

一考遺才盤費銀五十兩

一賓興文武舉人酒筵銀三十兩

一文武舉人會試盤費銀二百八十兩

一解州文武舉人會試盤費銀四十兩

一每遇考貢盤費銀八兩

一每遇拔貢盤費銀一十六兩

一鹽政書吏酌留飯食廪給銀一百二十二兩六錢六

分六厘六毫六絲零查鹽政衙門經制帖書十八名歲支飯食銀一百四十四兩廩給銀九百六十兩今鹽政、裁缺酌留書吏二名每名應分得飯食廩給銀六十一兩三錢三分三厘三毫三絲零共銀一百二十二兩六錢六分六厘六毫六絲零

一運司六房書辦酌留飯食紙價等銀一百七十兩八錢九厘五毫二絲零查吏戶禮兵刑工六房經制帖書四十二名歲支紙價銀八十兩飯食銀三百七十二兩八錢今移駐河東道衙門酌留十名每名應分紙筆飯食銀十兩七錢八分九厘五絲二忽零共銀一百七兩八錢九釐五毫二絲零

一運司禁子四名工食並刑具銀三十六兩八錢

一教授養廉銀一百兩

一訓導養廉銀一百兩
一學書飯食銀一十二兩
一觧州州判養廉銀三百兩
一池内巡役即弓兵四十六名工食銀五百五十二兩
向在院司養廉歸公項下動支
一塩池司巡檢養廉銀二百五十兩
一長樂司巡檢養廉銀二百五十兩
一聖惠司巡檢養廉銀二百五十兩
一三巡檢書役飯食銀三十六兩

課歸地丁全案

一三巡檢弓兵六十名工食銀七百二十兩向存院司養廉歸公項下動支

一看廟學泉斗子工食銀九兩

一池神廟僧人飯食銀一十四兩四錢

一禮生八名養贍銀九十六兩

一鐘鼓夫工食銀一十二兩

一四城門門兵工食銀一百九十二兩

一解費脚價銀三千五百兩此項銀兩向係運司徵收鹽課每遇撥解協餉以為木鞘鐵箍並押解官役盤費脚價之需今應仍留分歸晉秦豫三省藩庫各按攤徵鹽課銀數多寡定用

寔銷節省歸公再查盐課遇撥京餉元寶每千兩應解飯食銀十兩散碎應解飯食銀十五兩向在官務項下動支今盐課已歸地丁應解元寶遇撥京餉照例隨解飯食銀十兩即在盐課項下動支

一內務府飯食銀一百兩

一運皁倉倉書斗級工食銀九兩以上內務府飯食倉書斗級工食二項共銀一百零九兩向在蘆葦項下動支今因不產蘆葦無項可動在於運司等裁缺歸公養廉內動支

以上各項共銀二萬一千六百五十六兩六錢六分七厘一毫八絲零業於具奏善後事宜摺內

聲明酌留仍聽候

部議如蒙覆准除解內閣等飯食並將軍都統

等養廉外其餘官役空缺及隨時節省之處由
河東道照例分别繳銷報撥

課歸地丁全案

山西文華·史料編

第二册
卷三至卷四

清 蔣兆奎◎編

《山西文華》編纂委員會 編

山西出版傳媒集團
三晉出版社

山西文集

課歸地丁全案卷三

大學士公阿　等議奏課歸地丁善後事宜十六款

為遵

旨等事乾隆五十七年二月二十一日准戶部咨山東司案呈大學士九卿議覆山西巡撫馮光熊等奏河東鹽課改歸山西陝西河南三省行鹽州縣地丁款內攤徵酌議善後事宜一摺乾隆五十七年二月初五日奏本日奉

旨依議欽此欽遵於本月初六日由內閣抄出到部相應

抄録原奏行文山西巡撫遵照可也准此擬合就行

為此仰司官吏查照咨文粘单事理分别辦理並將

部文内尚有應議各款逐一查明酌議詳請咨覆毋

遲計粘单一紙

原奏

奏為遵

旨議奏事内閣抄出山西巡撫馮光熊等會奏河東鹽課

改歸陝西山西河南三省行鹽州縣地丁款内攤徵

酌議善後事宜一摺乾隆五十七年正月十七日奉

硃批原議大臣議奏欽此欽遵於本月二十二日抄出到
部該臣等會議得山西巡撫馮光熊奏稱竊照河東
鹽課改歸地丁一案臣會同河南陝西二撫臣遵照
大學士等所議將河南課銀量為增攤山陝二省仍
畫一攤派恭摺具奏在案茲復將一切善後事宜往
返洽商分條酌議敬陳
聖鑒臣謹會同河南巡撫臣穆和藺陝西巡撫臣秦承恩
恭摺具奏等因前來臣等伏查河東改課歸丁一案
前據山西巡撫馮光熊奏請自乾隆五十七年為始

将應徵塩課雜項在山西陝西河南三省行塩完課之各廳州縣地丁項下每兩均攤九分有餘經臣等議以山西陝西二省引少而地丁較多河南一省引多而地丁較少若均匀攤泒於地丁較多之山陝二省未免向隅應交三省巡撫會同酌議具奏嗣據該撫等奏覆河南省每地丁一兩攤徵塩課銀一錢三分其山西陝西二省每地丁一兩仍一律攤徵銀九分九厘零俾攤數雖見加增而民力仍臻寬裕經臣等議覆准行各在案今據該撫等将一切善後事宜

分條酌議具奏臣等遵奉
諭旨悉心酌議謹釐為十六款恭呈
御覽
一奏稱課銀應年清年款各解本省藩庫也查河東鹽
課從無拖欠今攤入地丁應於徵糧易知單內註明
每地丁一兩帶完鹽課若干免其加耗字様雖遇蠲
免地丁之年不在蠲免之列該三省地方官按數徵
收隨地丁各解本省藩庫報撥仍留課銀名目徵解
俱另立一款以免混淆其經徵各廳州縣如按年徵

解全完照例議敘如催徵不力致缺定額應令賠完
並取職名送部議處等語查該處鹽課向係按年全
完並無拖欠亦無蠲免之例今既改課歸丁仍應年
清年款應如該撫等所奏嗣後各廳州縣按年徵解
全完者請叙如有未完著賠議處以專責成凡遇地
丁蠲免之年不准一律蠲免並令該三省巡撫届奏
銷之期另款題銷至陝西省每年徵收花馬池等處
鹽課銀八千九百八十兩零係在河東鹽課之外向
解西安藩庫仍報河東鹽政附冊具題今鹽政裁撤

此項銀兩應逕由陝西巡撫就近題報又花馬池設
有定邊塲大使一員嗣後遇有員缺陞補專歸陝西
巡撫核題辦理
一奏稱歸公節省等項應分省徵解也查河南省有唐
縣歸公銀一萬二千四十三兩六錢五分四厘裕州
歸公銀一千兩山西省有潞澤節省銀二萬兩又各
役空缺工食一項俱向解內務府交納又安邑縣夏
縣聞喜縣絳縣歲徵地租麥租籽粒蘆價等銀一千
九十二兩六錢四分三厘零向解運庫完納今應將

歸公節省銀兩分省照舊各解内務府至麥租蘆價
改解藩庫報撥其運使經歷徵收之麥租改歸安邑
縣就近徵解等語查河南省之唐縣裕州歸公銀兩
及山西省之潞安澤州節省等銀應令河南山西各
巡撫轉飭徵解各本省藩庫報撥毋庸仍解内務府
以省賫解之煩至安邑等縣向解運庫之麥租蘆價
等項銀兩應一體改解藩庫其運司經歷徵收麥租
亦應改歸安邑縣就近徵解
一奏稱寧夏將軍等養廉應照舊關支也查寧夏將軍

等養廉銀二千兩涼莊副都統養廉銀二千兩向在
運庫動支順便搭解今鹽課既歸藩庫應於藩庫撥
解甘餉時搭解又鹽課內西安將軍副都統養廉銀
一千六百兩向係該處差官自赴運庫支領嗣後應
即在陝西藩庫鹽課項下就近動支等語查寧夏等
處將軍副都統養廉銀共五千六百兩向在河東鹽
課項下動支今既改定章程自應在山陝二省藩庫
內分別搭解或就近關支

一奏稱行鹽引張宜停也查行銷河東鹽之山西河南

陝西共一百七十餘廳州縣歲額引四十二萬六千九百四十七道餘引二十四萬道今課歸地丁無需商運行鹽部引毋庸再領紙張銀兩應免觧納領繳雜費均歸節省其內閣飯食銀二百兩翰林院庶吉士銀八十兩都察院飯食銀二千六十二兩戸部飯食銀六百兩俟部議覆准支之後在於藩庫鹽課項下照數動觧等語查河東歲額正餘鹽引共六十六萬六千九百四十七道該撫等既稱課歸地丁無需商運所有行鹽部引准其停領紙硃銀兩免其交納

至內閣等衙門飯食銀兩應如所奏仍在山西藩庫
鹽課項下按年委解
一奏稱私鹽之禁宜弛鹽斛聽便運賣也查課歸糧輸
鹽聽人運不特河東之鹽人人可以販運即熟有就
近買食土鹽花馬池鹽蒙古鹽之類亦不許禁阻並
不許私收稅錢則處處有鹽民食無虞缺乏或恐池
鹽侵越隣境查河南界連長蘆兩淮引地然長蘆之
鹽高於河東且係水運價亦賤於河東毋虞越賣汝
寧一府行銷淮鹽去河東頗遠亦無碍彼處口岸惟

界連湖北之處恐有越販應飭地方官留心緝禦至
旺産之年池鹽充裕若任其露積在池耗窃均所不
免嗣後坐商晒成鹽料除聽人買販外許坐商自運
三省任便出售如有無力遠運情願收貯棧房從緩
售賣者亦聽其便等語查該省池鹽既歸民運自應
聽從民便毋許地方官禁阻及私收税錢至池鹽無
課或恐販越隣境現據該撫等聲明蘆鹽高於河東
而運價較賤准鹽去河東更遠無碍彼處口岸惟界
連湖北之處恐有越販請飭地方官留心緝禦應令

湖廣總督嚴飭所屬實力巡查不得絲毫透漏再查
豫省行銷池鹽各屬距鹽池頗遠北界長蘆南近兩
淮或恐小民憚於遠販池鹽轉致買食蘆鹽淮鹽其
弊端亦不可不防應飭令直隸江南地方官於毗連
河南地面一體堵截至池鹽旺産之年未便任其露
積致有消耗偷竊應准該處坐商自運出售如有收
貯棧房從緩售賣者均聽其便並令三省巡撫通飭
行鹽各州縣將除引免課各緣由明白出示曉諭務
期販運流通如有市棍佔踞把持私立界限者即行

查拏從嚴究治
一奏稱司塩各官宜裁也查塩政各官原為經理塩務而設今課歸地丁撤去運商塩聽人運已無專司之事所有塩政運司運同經歴知事庫大使並三場大使一概請裁俸廉節省其塩政係巡撫兼管一切案卷應仍存巡撫衙門酌留書吏二名責令經管照舊給與工食餘皆裁汰運同知事庫大使並三場大使等衙門案卷應分别歸於河東道各科房存貯備查書役人等一併裁汰工食節省所遺衙署除塩政署

久經留為巡撫行署毋庸置議運司署應改為河東道署運同署應留為公廨經歷庫大使三場大使署均變價充公知事署應將鹽池司巡檢移駐所遺鹽池司署亦變價充公各該員有借項修署未完即以變價銀兩劃抵歸款再各官裁缺應定以五十七年十月為期緣五十七年尚有各商應完五十六年額餘課銀例於十月奏銷且向例額引隨課完納餘引展限一年今趕辦奏銷應飭一并完納俟奏銷後即将鹽官裁撤運司給咨送部引

見請

旨簡用運同經歷知事場庫大使給咨赴部照例另補試用各官咨部改掣分發一切印記屆期概行繳銷至

鹽政係臣兼管本年十月以前

題本文案可以蓋用巡撫關防應於定案接准部覆後先將鹽政印信繳銷等語查鹽政等官俸廉書役工食並各負衙署等項既經課歸地丁撤去運商所有管鹽等官已無專司之事自應議裁現據該撫等奏

請除巡撫衙門酌留書吏二名經管案卷照舊給與

工食并盐政運司運同知事等衙署留為公所外餘皆分别裁汰變價充公各該員有借項修署未完者即於變價款内劃抵均應如所奏辦理至各官裁缺應於五十七年十月内奏銷後即將運司一員給咨送部引
見請
旨簡用運同以下各員赴部另補其試用各員咨部改掣

一切印記概行繳銷其本年十月以前
題本文案亦准盖用巡撫關防所有盐政印信於接准

部覆後先行繳銷

一奏稱運城應移駐道員也查運司向駐運城人烟輻輳每歲澆晒之時工作人夫盈千累萬且畦主供給人夫携有糧食錢文收起鹽斤堆積並須酌平價值鹽池卑下處有水患亦需保護非得大員彈壓經理難期一切妥善應將河東道移駐運司衙門管理諸務免致廢弛所遺河東道衙門應留為差使經過住宿之所吏役聽其帶往運城其運使一切案卷應移交河東道存貯備查運司書吏應酌留户房四人經

管畦務工房二人經管渠堰禁墻事務吏禮兵刑四
房均有經管事件應各留一人共留十人以資料理
所需紙筆飯食照舊支給快皂各役亦資巡查渠堰
鹽場諸務一併留供差遣工食照舊支領餘皆裁汰
再查河東道原駐蒲州府城該道有核轉所屬直隸
州命盜案件之責遇有解審人犯就近飭發附府之
永濟縣寄監今運城離安邑縣城十五里若發縣寄
監殊為不便應將運使衙門原設監獄並禁卒四名
照舊存留并留工食等費其從前管獄之經歷司業

經裁缺查有移駐運城之解州州判應令就近帶管河東道監獄以昭慎重至該州判所管馬快八名巡馬八匹分別裁汰變價等語查安邑縣之運城地方係聚集澆晒人夫堆積鹽斤之所令運司業經裁缺必須仍有監司大員駐劄令該撫等請將河東道移駐運城彈壓經理一切自臻妥善至該道有核轉所屬直隸州命盗案件其應行解審人犯即發運城原設監獄令解州州判就近收管所辦亦屬妥協俱應如所奏辦理再運司衙門原有書役禁卒應准其酌

留十四名以資差遣所需工食等費照舊存留並將
該州判原有巡盐人役馬匹等項分别裁汰變價充
公
一奏稱巡檢三員應留也查盐池週圍一百二十里地
面遼濶奸宄易於潛藏且當澆晒之時外来工作人
夫難保無攘窃争鬧之事未便乏員經理應請將巡
檢三員飭令分管三場稽查巡緝督勸澆晒仍令盐
池司巡檢管中場移駐知事衙門長樂司管西場聖
惠司管東場各駐原衙門遇有地方官應辦事件該

巡檢具報河東道按界分飭解州安邑縣查辦不得
擅受濫管所有地內原設巡役斗級照舊存留歸三
巡檢分管墻外所設弓兵係巡檢額設留供差遣外
商役商巡並應裁去其三禁門亦歸三巡檢就近分
管並令巡墻弓兵兼司禁門啓閉但不得藉口稽查
留難需索該巡檢俸滿
大計即由河東道考核應俸工食均於藩庫徵收鹽課並
額編項下照數支給等語查鹽池等處向係三場大
使經管今大使議裁即令原設巡檢三員分管三場

事務并將原設巡役斗級弓兵等役照舊存留各司
其事嗣後遇有地方官應辦事件該巡檢具報河東
道按界分飭解州安邑縣正印官查辦不得擅受其
議留之巡牆弓兵亦不得藉口稽查留難需索如有
前項情弊從嚴叅究至該巡檢等俸滿
大計均由河東道考核廉俸工食准其在於藩庫徵收盐
課並額編項下照數支給仍將從前運商自行雇覔
之商役商巡概行裁汰
一奏稱運學應照舊存留也查運學本為有畦坐商而

設其運商之有畦地者即同坐商其子弟准與坐商
子弟一體考試文武童生由運司録送學政考取歲
入文生十名武生四名科試止入文生十名又額設
廩增生各二十名今運商酌裁坐商仍在且該處建
有
文廟春秋祀典不可乏員經理查太原府屬之清源縣
雖裁而學仍留應照此例仍留運學其原設教授訓
導各一員應仍留資訓課兼理春秋祀典其文生考
試公費並請照舊動支節省餘銀報部俟撥等語查

該立運司始有運學今運使及行盐之運商已經議裁則運學之名可除應將嗣後商籍童生即在安邑縣應試仍於卷册内註明商籍由觧州録送學政按照原額考取同從前已進各生均歸安邑縣學訓課以昭廣育人材之盛所有運城

文廟即令安邑縣學官就近管理其原設運學教授訓導各一員應行裁汰該省遇有各學相當缺出另行咨補俸廩裁汰至運學書役酌留酌減之處令山西

巡撫另行妥議報部核覆

一奏稱盐池宜保護也查河東盐池形如釜底大雨時行之候若南山一帶容水羣趨於池滙而為湖盐池遂廢是以歷来籌畫築堰開渠復設禁墻以資防護而渠堰禁墻歲修並各堰工食向於運庫支銷銀五千兩今盐池不可廢歲修不可除應請照舊每歲在於藩庫徵收盐課項下支銀五千兩由河東道請領委員修理以護盐池永留美利如經理不善池有損壞即將河東道叅賠治罪再查三場共畦地五百八十五號各立商名詳報有案應請飭商照舊管業遇

有典賣禀明河東道立案又有六小池者坐落大池西北産鹽無幾時開時閉其所餘畦地或照舊白晒或覓主接晒毋庸官為經理所設弓兵應請裁汰額編工食應歸節省等語查鹽池畦地澆晒鹽斤以供三省民食聽坐商與民自相交易是畦地係屬坐商世業保護鹽池即所以保護畦地況遇旺産之年又許坐商自運出售體卹不為不優所有歲修渠堰銀五千兩應令山西巡撫轉飭各坐商照數交納河東道庫以備歲修之用毋庸動支公項如經理不善該

管官叅賠治罪至池内三場畦地坐商遇有典賣應
禀明河東道立案查考又有六小池坐落大池西北
産塩無幾乾隆三十八年間運商復墾以濟大池之
不足今運商裁汰其所墾畦地或照舊自晒或覓主
接晒均聽其便自不必官為經理所設弓兵裁刪工
食節省均應如所奏辦理

一奏稱三門塩秤四關牙行應存也查小販赴池買塩
與坐商自相交易雖不必官為經理但毫無憑準易
起爭端應令仿照禁門舊秤式由河東道印烙另製

官秤三杆給發三場斗級收執凡有商販交易即以此秤為準原秤貯庫備較又外來小販人地生疎非有牙行代為經理難保無欺誆騙逃之弊河東舊有塩牙不領牙帖應請照舊設立由河東道點充等語查官秤牙行原以平市價而通商販該撫等既稱查照舊式另製官秤三杆應准其製造由河東道印烙給發三場斗級收執舊秤貯較並仍舊點充塩牙照應商販交易仍令山西巡撫將點充名數籍貫造冊報部

一奏稱運鹽道路過渡船隻應仍其舊也查小販運鹽道路不得稍有攔阻如有前項不法之人許該商販禀明該地方官從重究懲鄉保并責又查茅津渡陌底渡二處渡口為河南省行鹽必由之路向係運商自置渡船以便往來應將兩渡口現存商船即給該船户收管嗣後商販行鹽過渡由河東道酌定渡錢每百斤給錢若干以資養贍船有損壞責令船户自行修補等語查茅津陌底二渡口係河南行鹽必由之路向係運商自置渡船今議以現存商船即給各

船戶收管嗣後船有損壞應令山西巡撫轉飭河東道委員查驗責令船戶自行修補並查船內裝鹽每百斤酌定渡錢以資養贍船戶再三省運鹽道路如有市井棍徒攔阻者各飭地方官實力稽查有犯必懲毋得寬縱

一奏稱積餘併餘等銀分別攤免也查商完引課零尾所積每歲約得銀八十餘兩報部候撥謂之積餘又商完課銀零收整兌每歲多銀六百五十餘兩不等解交內務府充用謂之併餘徵收官務等款內漏報

銀三十五兩七錢二分六厘向係附入積餘併餘各
欵內報收今已照數攤入地丁之內其向收積餘銀
四十餘兩併餘銀六百四五十兩今課歸地丁完納
既無零尾可積亦無零銀可併此項銀兩應請除免
再向有外結贓罰解交內務府充公今私鹽弛禁贓
罰全無即偶有竊贓應歸解州安邑縣地方官報解
毋庸另案辦理等語查商完課項內有積餘併餘等
銀六百九十餘兩現在課歸地丁並無零積自應除
免至贓罰一欵亦毋庸解交內務府充公即偶有竊

賍應歸解州安邑縣地方官辦理

一奏稱蘆葦變價應裁也查盐池南岸昔産蘆葦每歲約可變價銀三四百兩不等乾隆七年奏明留備公用原為粘補城垣祠廟及倉書斗級飯食并歲解内務府飯食之需迨後盐畦漸逼蘆葦不生遇有前項公費皆係運商捐辦應請革除粘補城垣等項應聽河東道隨時籌辦外至内務府飯銀一百兩運阜倉倉書斗級飯食紙筆銀九兩已彚入擬留公用款内在於栽缺歸公養廉項下照數解給報銷等語查前

項蘆葦變價公用銀兩該撫等既稱鹽畦漸逼蘆葦久已不生向係運商捐辦今運商已裁捐項應免嗣後粘補城垣等項應令山西巡撫轉飭河東道隨時籌辦至內務府飯銀等項既據聲明彙入擬留款內在於裁缺歸公養廉項下解給仍令按年解交

一奏稱運皁運儲二倉穀麥應分別歸併存借也查運城設有運皁倉實貯穀三千九百三十一石零又運儲倉實貯穀六十石零向係彙入社倉案內報部今坐商澆晒如常應請統歸運皁倉內春初一併出借

坐商秋冬免息還倉以資澆晒又運儲倉歲收佃灘籽粒租麥二百七十石零為養濟院給散孤貧之需向不報部應請照舊給散所有倉穀出入統歸解州州判經管呈報河東道照例移司轉報查考其籽粒租麥亦飭交解州州判就近管理按年冊報又護池灘地歲納租麥三石七斗三升四合租穀五石六斗一合向係三場大使分管今將此項改歸安邑縣徵收照舊五年變價解交藩庫報撥等語查運臯運儲二倉穀石該撫等既稱統歸運臯倉內於春初出借

坐商秋冬免息還倉應准其照例出借以資澆晒其租麥照舊給散孤貧統歸解州州判就近管理分别造報至護池灘地歲徵租麥租穀亦應准其改歸安邑縣經徵積至五年循照成案變價報撥

一奏稱鹽務公用應酌存也查運城恭遇
萬壽元旦長至暨各廟祭祀朔望行香俱有應支款項今運司雖裁而河東道移駐運城一切典禮所關自不可廢其禮生門兵鐘鼓夫及池神廟僧人廟學泉斗子各有執事並應酌留照舊給與工食以符體制再

查盐務公用銀兩向有定欵今次酌擬存留如內閣等處飯銀寧夏等處將軍養廉及修池築堰等項計銀二萬一千六百五十六兩零酌擬裁減如刪汰官俸役食及一切冗費計銀一萬六千二十六兩零現在分別造具細冊咨送戶部查議統俟部議覆准後將酌留銀兩造冊立案由河東道在於藩庫徵收盐課項下照數支領分發如有節省充公等語查前項公用銀內除歲修渠堰銀五千兩臣等已於前款內核覆飭令坐商按年交納興修應毋庸議外其餘酌

留銀兩應俟該撫造册報部到日再行核議

以上各欵臣等謹就該撫等籌議所及按欵核覆

是否有當伏候

訓示遵行再此摺係户部主稿合并陳明爲此謹

奏請

旨

遵照部議另造酌留公用銀兩清册

一內閣飯食銀二百兩

又解費銀三十兩

一都察院飯食二千六十二兩

一翰林庶吉士規禮銀八十兩

又前二項解費銀五十兩

一户部飯食銀六百兩

又解費銀四十兩

一寧夏將軍等養廉銀二千兩

一涼莊副都統等養廉銀二千兩

一西安將軍副都統養廉銀一千六百兩

一修築渠堰禁墻銀五千兩奉部議裁

又查勘渠堰禁墻各工程供應及各役飯食銀八十兩應同前項修築銀兩一併議裁

一

萬壽油燭銀一兩三錢八分八厘

一元旦油燭銀七錢九分二厘

一長至油燭銀三錢一厘

一芒神春牛春花等物銀六兩一錢五分
一元旦畫四城門門神銀六兩二錢
一開場致祭三禁門祭品等銀四兩五錢
一春秋丁祭猪羊祭品等銀一百八十七兩四錢八分
一清明七月十五十月初一三次祭厲壇猪羊祭品等
銀二十二兩五錢
一三六九等月朔日祭池神廟猪羊祭品等銀一百四
十八兩三錢三分
一九月十三日祭 關張二廟猪羊祭品等銀五兩八錢

三分
一春秋祭　關帝廟豬羊祭品等銀三十七兩五錢二
分八厘
一霜降祭旂纛神豬羊祭品等銀一十二兩八錢三分
一每月初一十五日各廟香紙銀四兩三錢二分
一每月初一十五日宣講
聖諭鄉約工食銀一十二兩
一歲試武童設立蓬廠等銀一十兩七錢五分商籍童生歸安
邑縣考試蓬廠銀兩應行裁省

一歲考文武生員給賞花紅銀七十兩八錢四分

一科考賓興文武生員盤費花紅酒筵銀一百八十九兩二錢五分二厘

一考遺才盤費銀五十兩

一賓興文武舉人酒筵銀三十兩

一文武舉人會試盤費銀二百八十兩

一解州文武舉人會試盤費銀四十兩

一每遇考貢盤費銀八兩

一每遇拔貢盤費銀一十六兩　以上八條文武生員及文武舉人花紅酒筵賓

興盤費並考貢拔貢等盤費共銀六百八十四兩九分二釐應請酌留公用仍候部議遵行

一塩政書吏酌留飯食廩給銀一百二十二兩六錢六分六釐六毫六絲零查塩政衙門經制貼書十八名歲支飯食銀一百四十四兩廩給銀九百六十兩今塩政裁缺酌留書吏二名每名應分得飯食廩給銀六十一兩三錢三分三釐三毫三絲零共銀一百二十二兩六錢六分六釐六毫六絲零

一運司六房書辦酌留飯食紙價等銀一百七兩八錢九釐五毫二絲零查吏户禮兵刑工六房經制貼書四十二名歲支紙價銀八十兩飯食銀三百七十二兩八錢今移駐河東道衙門酌留十名每名應分紙筆飯食銀十兩七錢八分九釐五絲二忽零共銀一百七兩八錢九釐五毫二絲零

一運司禁子四名工食並刑具銀三十六兩八錢

一教授養廉銀一百兩

一訓導養廉銀六百兩以上二項教授訓導業經裁缺養廉並裁

一學書飯食銀一十二兩

一解州州判養廉銀三百兩

一池內巡役即弓兵四十六名工食銀五百五十二兩

向在院司養廉歸公項下動支

一鹽池司巡檢養廉銀二百五十兩

一長樂司巡檢養廉銀二百五十兩

一聖恵司巡檢養廉銀二百五十兩

一三巡檢書役飯食銀三十六兩

一三巡檢弓兵六十名工食銀七百二十兩向在院司養廉歸公項下動支

一看廟學泉斗子工食銀九兩

一池神廟僧人飯食銀一十四兩四錢

一禮生八名養贍銀九十六兩

一鐘鼓夫工食銀一十二兩

一四城門門兵工食銀一百九十二兩

一解費脚價銀三千五百兩此項銀兩向係運司徵收鹽課每遇撥解俻飯以爲木鞘鉄箍并押解官役盤費脚價之需今應仍留分歸晉秦豫三省藩庫各按攤徵鹽課銀數多寡用寔銷節省歸公再査鹽課遇撥京餉元寶每千兩應解飯食銀十兩散碎應解飯食銀十五兩向在官務項下動支今鹽課已歸地丁應解元寶遇撥亦俻照例隨解飯食銀十兩即在鹽課項下動支

一內務府飯食銀一百兩

一運皁倉書斗級工食銀九兩以上內務府飯食倉書斗級工食二項共銀一百零九兩向在蘆葦項下動支今因不産蘆葦無項可動在於運司等裁缺歸公養廉項下動支

以上各項共銀二萬一千六百五十六兩六錢六分七厘一毫八絲零除歲修銀五千兩業經奉

部議裁外其原設查工飯食考試蓬厰及教職養
廉共銀二百九十兩七錢五分並應議裁餘銀一
萬六千三百六十五兩九錢一分七厘一毫八絲
應否酌留謹將各款開具清冊逐細聲註聽候
部議

遵照部議分別應咨應行開摺呈院

謹將現奉

部議章程分別應咨應行開呈

憲臺察核施行

一部議課歸地丁應年清年款嗣後各廳州縣按年徵解全完者請敘如有未完之咎賠議處凡遇蠲免地丁之年不准一律蠲免並令山西巡撫每届奏銷之期另款題銷等因應請

憲臺核示

河陝二省撫部院並檄行該管道府及行引完課八
十八廳州縣一體遵照辦理
一部議陝西省花馬池等處鹽課在河東鹽課之外向
解西安藩庫仍報河東鹽政附冊具題今鹽政裁撤
此項銀兩應逕由陝西巡撫就近題報又花馬池設
有定邊場大使一員嗣後遇有員缺陞補專歸陝西
巡撫核題等因應請
憲臺移咨
陝西巡撫轉行遵照辦理

一部議河南省之唐縣裕州歸公銀兩及山西之潞澤
節省等銀應令各巡撫轉飭徵解各本省藩庫報撥
毋庸解交內務府以省賫解之煩等因應請
憲臺移咨
河南撫部院遵照辦理
一部議安邑等縣向解運庫之麥租蘆價等項銀兩應
一體改解藩庫其運司經歷徵收麥租亦應改歸安
邑縣就近徵解等因查安邑縣歲徵地租銀六百五
十兩二分二厘又歲徵蘆價銀一百一十七兩九錢

七分六厘又歲徵盐站籽粒銀三兩二錢五分六厘
夏縣歲徵地租銀一百四十三兩四錢又歲徵盐站
籽粒銀二兩八錢八分聞喜縣歲徵盐站籽粒銀一
兩九錢八分絳縣歲徵盐站籽粒銀二兩一錢四分
又運司經歷歲徵租麥銀一百七十兩九錢八分五
厘應請

憲臺查照前項撥行安邑縣夏縣聞喜縣絳縣並行
運司轉行經歷一體遵照辦理其運司經歷應交安
邑縣之麥租應於本年十月裁缺後交代接管

一部議寧夏等處将軍副都統養廉共銀五千六百兩
向在河東塩課項下動支今改定章程應在山陝二
省藩庫内分別搭觧或就近關支等因應請
憲臺咨明
陝甘督部堂嗣後寧夏涼莊将軍等養廉銀四千兩
由山西藩庫順便搭觧並請咨明
陝西撫部院嗣後西安将軍等養廉銀一千六百兩
即在西安藩庫塩課項下就近關支
一部議内閣等衙門飯食銀兩應仍在山西藩庫塩課

項下按年委解等因查内閣飯食銀二百兩都察院飯食銀二千六十二兩翰林院庶吉士規禮銀八十兩戸部飯食銀六百兩各有解費又内務府飯食銀一百兩業奉部議並在鹽課項下動支應請

憲臺查照前項分別順便搭解各衙門

一部議池鹽既歸民運自應聽從民便毋許地方官禁阻及私收稅錢至池鹽無課或恐販越隣境現據該撫等聲明蘆鹽高於河東而運價較賤淮鹽去河東更遠無碍彼處口岸惟界連湖北之處恐有越販請

飭地方官留心緝禦應令湖廣總督嚴飭所屬寔力
巡查不得絲毫透越再查豫省行銷池盐各屬距盐
池頗遠北界長蘆南近兩淮或恐小民憚於遠販池
盐轉致買食蘆盐淮盐其弊端亦不可不防應飭令
直隸江南地方官於毘連河南地面一體堵截至池
盐旺產之年未便任其露積致有消耗偷竊應准該
處坐商自運出售如有收貯棧房從緩售賣者均聽
其便並令三省巡撫通飭行盐各州縣將除引免課
各緣由明白出示曉諭務期販運流通如有市棍佔

據把持私立界限者即行查拏從嚴究治等因應請
憲臺查照部議移咨河南陝西並檄行運司及各道
府州縣通行曉諭其湖廣直隸江南等處毗連河南
地面並請咨會一體遵照辦理

一部議鹽政等官廉俸書役工食並各員衙署等項既
經課歸地丁撤去運商所有管鹽等官已無專司之
事自應議裁現據該撫等奏請除巡撫衙門酌留書
吏二名經管案卷照舊給與工食并鹽政運司運同
知事等衙署留為公所外餘皆分別裁汰變價充公

各該員有借項修署未完者即於變價款内劃抵均
應如所奏辦理至各官裁缺應於五十七年十月内
奏銷後即將運司一員給咨送
部引
見請
吉簡用運同以下各員赴部另補其試用各員咨部改掣
一切印記繳銷其本年十月以前
題本文案亦准蓋用巡撫關防所有鹽政印信於接准
部覆先行繳銷等因除

課歸地丁全案

憲臺兼管鹽政印信業經繳銷並通行知照外其運
司以下各衙門裁缺緣由應請
憲臺查照原奏檄行運司轉行運同經歷知事庫大
使三場大使及試用各員一體遵照辦理
一部議安邑縣之運城地方係聚集澆晒人夫堆積鹽
斤之所今運司業經裁缺必須仍有監司大員駐劄
令該撫等請將河東道移駐運城彈壓經理一切自
臻妥善至該道所屬直隸州命盜案件其應行解審
人犯即發運城原設監獄令解州州判就近收管所

辦亦屬妥協俱應如所奏辦理再運司衙門原有書役禁卒應准其酌留十四名以資差遣所需工食等費照舊存留並將該州判原有巡盐人役馬匹等項分別裁汰變價充公等因除運司應留快皂等役未奉部議應俟另請部示遵辦外所有移駐河東道現奉部議緣由應請

憲臺查照原奏分行運司河東道並行解州州判一體遵照辦理其該州判所管馬快馬匹等項應於奉文之日即行裁省具文報查

一部議盐池等處向係三場大使經管今大使議裁即

令原設巡檢三員分管三場事務并將原設巡役斗

級弓兵等役照舊存留各司其事嗣後遇有地方官

應辦事件該巡檢具報河東道按界分飭觧州安邑

縣正印官查辦不得擅受其議留之巡牆弓兵亦不

得藉口稽查留難需索如有前項情弊從嚴叅究至

該巡檢等俸沭

大計均由河東道考核廉俸工食准其在於藩庫徵收盐

課并額編項下照數支給仍將從前運商自行雇覔

之商後商巡概行裁汰等因應請
憲臺檄行河東道解州安邑縣並行運司轉行三場
大使三巡檢一體遵照辦理
一部議運學之名可除嗣後商籍童生即在安邑縣應
試仍於卷冊內註明商籍由解州録送學政按照原
額考取同從前已進各生均歸安邑縣學訓課以昭
廣育人材之盛所有運城
文廟即令安邑縣學官就近管理其原設運學教授訓
導各一員應行裁汰該省遇有各學相當缺出另行

課歸地丁全案

咨補俸廩裁汰至運學書役酌留酌減之處令山西
巡撫另行妥議報部核覆等因除運學書役等項應
行另議咨部核辦外所有現奉部議緣由應請
憲臺移咨山西學政並檄行運司轉行運學教授訓
導並行解州知州轉行安邑縣知縣及安邑縣學官
一體遵照辦理
一部議鹽池畦地係坐商世業保護鹽池即所以保護
畦地況遇旺産之年又許坐商自運出售體卹不為
不優所有歲修渠堰銀五千兩應令山西巡撫轉飭

各坐商照數交納河東道庫以備歲修之用毋庸動
支公項如經理不善該管官叅賠治罪至池內三場
畦地坐商遇有典賣應稟明河東道立案查考又有
六小池坐落大池西北產鹽無幾乾隆三十八年間
運商復墾以濟大池之不足今運商裁汰其所墾畦
地或照舊自晒或覓主接晒均聽其便自不必官為
經理所設弓兵裁刪工食節省均應如所奏辦理等
因除歲修銀五千兩責令坐商交納應俟運司就近
傳集坐商公同酌議另辦外所有現奉部議緣由應

課歸地丁全案

請

憲臺檄行河東道並行運司轉行運同遵照辦理未

裁缺之前鹽池工程仍責成運同管理其六小池坐

落解州境內現係西場大使管轄弓兵工食向在安

邑縣額編項下動支並應分行該州縣及該大使一

體遵照弓兵工食即以奉文之日停止

一部議官秤牙行原以平市價而通商販該撫等既稱

查照舊式另製官秤三杆應准其製造由河東道印

烙給發三場斗級收執舊秤貯較並仍舊點充鹽牙

照應商販交易仍令山西巡撫將點充名數籍貫造
冊報部等因應請
憲臺檄行河東道並行運司轉行三場大使及鹽池
司長樂司聖惠司三巡捡一體遵照本年十月以前
應仍由運司製造官秤給發斗級收執點充者行造
冊具報
憲臺查核咨部
一部議茅津陌底二渡口係河南行鹽必由之路向係
運商自置渡船今議以現存商船即給該船戶收管

嗣後船有損壞應令山西巡撫轉飭河東道委員查
驗責令船户自行修補並查船内装盐每百斤酌定
渡錢以資養贍等因應請
憲臺分行運司河東道並行茅津陌底二渡巡檢一
體遵照本年十月以前應仍由運司查明各渡船每
装盐百斤酌定渡錢若干以資養贍
一部議三省運盐道路如有市井棍徒攔阻者各飭地
方官寔力稽查有犯必懲毋得寬縱等因應請
憲臺移咨

河南陝西撫部院並檄行各道府州縣一體遵照辦
理

一部議盐池賍罰一項毋庸解交內務府充公偶有窃
賍應歸解州安邑縣地方辦理等因應請
憲臺分行運司河東道並行解州安邑縣一體遵照
辦理

一部議蘆葦變價公用銀兩該撫等既稱盐畦漸逼蘆
葦久已不生向係運商捐辦今運商已裁捐項應免
嗣後粘補城垣等項應令巡撫轉飭河東道隨時籌

辦等因應請
憲臺檄行河東道遵照辦理
一部議運阜運儲二倉穀石該撫等既稱統歸運阜倉
内於春初出借坐商秋冬免息還倉應准其照例出
借以資澆晒其租麥照舊給散孤貧統歸解州州判
就近管理分别造報至護池灘地歲徵租麥租穀亦
應准其改歸安邑縣經徵積至五年循照成案變價
報撥等因查運阜倉穀石向係運司知事管理運儲
倉穀麥向係運司經歷管理今統歸解州州判出入

造報又護池灘穀麥向係三場大使管理今改歸安
邑縣經徵報解應請
憲臺檄行運司河東道並行經歷知事三場大使解
州州判安邑縣知縣一體遵照辦理其交代接管應
以本年十月裁缺之日為始
一部議公用銀兩内除歲修渠堰銀五千兩臣等已於
前欵内核覆飭令坐商挨年交納與修應毋庸議外
其餘酌留銀兩應俟該撫造冊報部到日再行核議
等因應請

憲臺於原奏酌留公用欵冊內遵照部議分别應裁
應留逐細聲註另造清冊送部核覆辦理

遵照部議登覆善後事宜司詳

爲遵

旨等事本年二月二十七日蒙

憲臺抄案內開乾隆五十七年二月二十一日准

戶部咨山東司案呈大學士九卿議覆山西巡撫馮

等奏河東鹽課改歸山西陝西河南三省行鹽州縣

地丁款內攤徵酌議善後事宜一摺乾隆五十七年

二月初五日奏本日奉

旨依議欽此欽遵於本月初六日由內閣抄出到部相應

抄録原奏行文山西巡撫遵照可也准此擬合就行
為此仰司官吏查照咨文粘單内事理分别辦理並
将部文内尚有應議各款逐一查明酌議詳請咨覆
毋遲計粘单一紙等因蒙此本司遵查粘单内部議
各款除業經議定章程應請
憲臺按款分别咨行遵照辦理外其尚有應議各款
本司随查酌留運學一款經部議商籍童生歸安邑
縣應試仍於卷册註明商籍由觧州録送學政按照
原額考取同從前已進各生歸安邑縣學訓課運城

文廟責令兼管運學教授訓導裁汰另補其運學書役應否酌留行令另議報部核覆等因查運學建有
文廟祭祀銀兩應准照舊支銷其文武考試並設有花紅酒筵盤費銀兩向在公務項下動支今歸安邑縣學兼管此項銀兩應照舊支銷應請
憲臺於原奏酌留公用款冊內分晰註明咨部核覆
遵行其運學原設書辦一名門斗三名齋夫三名膳夫二名查該學教官雖裁而商籍文武學額如故幫補廩增出貢選拔一切照舊辦理應留學書經管文

卷並留各役以供使令工食銀兩照數支給再查運
學教職非如運司首領大使等官尚有經手未完事
件毋庸候至十月裁缺應請飭行該學教官文到即
將該學事務移交安邑縣接管印信繳銷咨部另補
廉俸停止學署仍留以為該學官來運辦公之所又
歲修渠堰一款經部議應令坐商照數交納河東道
庫銀五千兩以備歲修之用等因查河東鹽池中東
西三場情形不一東為上中次之西為下今以歲修
銀五千兩責令坐商照數封納應即按畦酌分上中

下三等東場共畦二百六十六號應定為上等中場共畦一百五十五號應定為中等西場共畦一百六十四號應定為下等再查歲修渠堰向設查工飯食銀八十兩亦在公務項下動支今應並於三場畦地內通歲修銀五千兩按數核攤上等每畦約攤銀十三兩中等每畦約攤銀六兩七八錢下等每畦約攤銀三兩五六錢總計足敷五千零八十兩之數而止不得絲毫加派浮收又查三場中一場畦地復各有美惡不齊東場為上等間有次畦亦准列為中等中

場為中等間有上畦仍應列為上等至西場盡屬下畦均應列為下等更有不堪澆晒之畦碍難派出工費應即扣除在於現晒各畦内勻攤惟是立法之初辦理不厭詳慎其畦地等差攤数多寡究應如何區别方為妥協公允之處應請

憲臺札飭運司就近傳齊坐商公同酌議詳覆

憲臺核定咨部辦理俟立定章程每歲由河東道於澆晒之前示諭各坐商具結認晒照數封納歲修銀兩以二月為限如逾限不肯具結及並不封納歲修

銀兩私行澆晒即屬規避有意取巧應將該坐商嚴
加懲治並不准其澆晒其本年應需修理銀兩俟議
定章程限於五月內交納全完五月以前遇有應修
要工應令運司先行借項修理俟該坐商封納齊全
再行歸款又酌留運司書役一款原奏應留書辦十
名禁卒四名快皂各役亦資巡查渠堰禁墻諸務並
留以供差遣今經部議運司書辦禁卒應准酌留十
四名其快皂各役緣原奏內未經聲註各役名數是
以大部未經議及查運司快手十二名額編工食銀

課歸地丁全案

七十二兩皂隸十二名額編工食銀七十二兩此項
人役似應與書辦等一並酌留以資辦公應請
憲臺再行咨
部核示以上三條係緣奉飭議本司管見所及是否有
當理合具文並將現奉
部議章程分別應咨應行開具清摺呈送再酌留公
用銀兩一款奉
部行令另造清冊謹將原奏欵冊分別存裁逐細聲
註一併詳請

憲臺察核造冊咨
部辦理爲此備由具申伏乞
照詳施行
院憲馮　批詳內坐商攤捐歲修銀兩一款仰候札飭
運司酌議詳覆以憑彙同各款咨
部繳冊摺存

呈請咨送晉省地丁盐課細数冊司詳

為遵

旨等事乾隆五十七年正月二十八日蒙

巡撫部院馮　案驗本年正月二十一日准

户部咨行令查明三省行盐州縣原徵地丁及現在

新攤盐課各細数分晰造冊送部僃核等因洛院行

司蒙此遵即查明晉省行盐并食土盐之八十八廳

州縣共原徵地丁銀貳百八十三萬二千七百一十

七兩一錢零八厘每地丁銀一兩攤盐課銀九分九

厘二毫零二忽三微四纖八沙七塵共攤鹽課銀二
十八萬一千零一十二兩一錢九分零三毫一絲六
忽二微七纖一沙五塵五渺九埃六漠分晰造具原
徵地丁及現攤鹽課細數清冊二本具文呈送伏候
憲臺查核咨送
戶部為此備由呈乞
照詳施行
院憲馮　批仰候咨
部繳冊存送

巡撫馮　奏繳鹽政印信

奏為

奏繳鹽政印信事竊照河東鹽課攤入地丁完納臣於

酌議善後章程案内陳明運司以下各官尚有應徵

上年鹽課等項應俟本年十月奏銷後再行裁撤所

有鹽政印務係臣兼管十月以前一切文案可以蓋

用巡撫關防應於定議接准部覆後即將鹽政印信

繳銷具

奏在案茲准部文經大學士等議

奏奉
旨允准行知到臣臣遵將乾隆十四年
欽頒巡按河東鹽政監察御史印信一顆固封咨送軍機
處恭繳理合奏
聞伏乞
皇上睿鑒謹
奏 乾隆五十七年三月初十日奉
硃批覽欽此

夾片

再據河東運司季學錦呈稱運司一缺奉議裁汰祇以上年商課例於本年十月奏銷應俟課項報竣再行離任第運司養廉原為辦公而設本年除經徵商課外別無應辦公事學錦荷蒙

聖恩由詞垣疊膺

簡擢非運同以下各員可比所有本年應領養廉銀兩未敢虛縻合行呈明停支等語理合據情奏

聞謹

奏　乾隆五十七年二月二十九日奏三月初十日奉

硃批覽欽此

通行各屬攤徵盐課銀數一體遵照

為遵札通行知照事乾隆五十七年正月二十八日

蒙

巡撫部院馮　憲札飭發攤徵盐課告示一張行令照樣刊刷二百張呈送分發張掛等因蒙此除將刊刷告示照数呈送

院憲分發張掛外所有攤徵盐課銀數合行開单飭知為此仰府州官吏即便遵照并轉飭所屬一體知照

河東盐課應自乾隆五十七年為始攤入地丁仍於

徵糧易知单内註明每地丁銀一兩完盐課銀九分
九厘二毫二忽三微四纖八沙七塵免其加耗字様
再盐課歳有常額雖遇蠲免之年此項不在蠲免之
列事關
奏明奉
旨案件慎勿玩視毋違

請咨陝省應攤盐課銀數並無錯訛司詳

為詳請咨覆事本年二月十八日蒙

山西巡撫部院馮　抄案內開乾隆五十七年二月

十五日准

陝西巡撫部院秦　咨據西安布政司呈竊查陝省

向食晉盐各屬自五十七年正月為始課歸地丁盐

聽民運一案前蒙檄准晉撫憲來咨查河東正雜盐

課原議三省均攤令遵

廷議除河南酌增另攤外所有山陝二省盐課銀三十

一萬四千餘兩自應仍照原議統計均攤加以代攤
河南銀一十一萬三千一百八十餘兩統入山陝二
省地丁四百三十餘萬兩内照數均攤山西代攤河
南銀九萬八千六百餘兩零陝西代攤河南銀一萬
四千五百餘兩零通計每兩一律各攤銀九分九厘
二毫零二忽三微四纖八塵七渺仍是九分有餘之
數並未攤至一錢一分五六厘等因蒙此本司遵查
陝省向食晉盬咸寧等五十二廳州縣共額盬課銀
一十三萬二千一十九兩二錢一分六厘又奉晉撫

憲来咨陝西應代攤河南課銀一萬四千五百餘兩二共銀一十四萬六千五百一十九兩二錢一分六厘以陝省咸寧等屬共額徵民屯更地丁銀一百四十七萬三千一百一十三兩八錢九分九厘按法科算每地丁正銀一兩應攤徵銀九分九厘五毫二絲九忽八微零九塵五渺方敷課數前蒙准山西來咨每兩應攤徵銀九分九厘二毫零二忽三微四纖八塵七渺之數核以原額及代徵塩課銀兩計少銀四百八十二兩六分為數未確此案應以五十七年正

月為始時值開徵之期即應飭屬徵收但晉省咨攤
數目既未確切而應代攤河南課銀一萬四千五百
餘兩是否尚有奇零陝省難以懸籌應請移咨晉撫
憲轉飭查明陝省原額及代攤確切額數咨陝以便
遵照飭屬徵收俟奉部覆之日再行統核造具額冊
詳請咨
部定案等情到本部院據此相應咨詢為此合咨貴
部院請煩查照希即轉飭確查迅速見覆施行准此
擬合就行為此仰司官吏查照咨文內事理即將鹽

訝計少銀四百八十二兩六分是否陝省錯筭即日
查明分晰詳報以凴咨覆毋遲等因蒙此本司遵查
陝西省每歲額徵盐課銀十三萬一千四百五十一
兩零二分八厘六毫五絲又代攤河南盐課銀一萬
四千五百八十六兩一錢二分七厘六毫八絲四忽
七微一纖四沙五塵八渺一埃三漠二共盐課銀十
四萬六千零三十七兩一錢五分六厘三毫三絲四
忽七微一纖四沙五塵八渺一埃三漠攤入該省地
丁銀一百四十七萬二千一百一十三兩八錢九分

九厘内每地丁銀一兩攤盐課銀九分九厘二毫零二忽三微四纖八沙七塵核與該省額課並代攤銀数相符並無短少今准陝西来咨内開該省五十五廳州縣共額課一十三萬二千零一十九兩二錢一分六厘係將應除紙價並紙價餘平銀五百六十八兩一錢九分零一併算入而於代攤河南盐課銀数又只以一萬四千五百兩扣算其零尾八十六兩一錢二分七厘六毫八絲四忽七微一纖四沙五塵八渺一埃三漠並未算入除去八十六兩一錢二分零

計多算盐課銀四百八十二兩六分是以該省誤作
少攤銀四百八十二兩六分其晉省原咨攤數並無
錯訛再查山陝二省每地丁銀一兩各攤盐課銀九
分九厘二毫零二忽三微四纖八沙七塵今来咨内
開九分九厘二毫零二忽三微四纖八塵七渺以八
沙七塵誤作八塵七渺並應咨請更正以免舛錯緣
奉飭查理合将查明緣由分晰具文呈覆
憲臺核咨為此備由另冊具申伏乞
照詳施行

奉准陝西移咨遵照　部議攤課緣由

爲遵

旨等事乾隆五十七年三月二十三日准

陝西撫部院秦　咨據西安布政使和寧鹽法道王

文湧會呈蒙

巡撫陝西部院案驗乾隆五十七年二月初二日准

戶部咨山東司案呈大學士九卿議覆河南巡撫部

院穆　等奏河東鹽課改歸山西陝西河南三省行

鹽州縣地丁數內酌擬攤徵一摺乾隆五十七年正

月初九日奉
旨依議欽此欽遵於本月十一日由內閣抄出到部相應
抄録原奏行文河南巡撫山西巡撫陝西巡撫遵照
可也計原奏內開大學士公阿　等謹奏為遵
旨議奏事內閣抄出河南巡撫穆　等會奏河東鹽課改
歸山西陝西河南三省行鹽州縣地丁款內酌撥攤
徵一摺乾隆五十六年十二月二十二日奉
硃批原議大臣議奏欽此欽遵於本月二十五日抄出到
部該臣等會議得河東改課歸丁一案前據山西巡

撫馮　奏請自乾隆五十七年爲始將應徵鹽課雜項在山西陝西河南三省行鹽完課之一百七十二廳州縣地丁項下均攤每兩攤銀九分有餘經臣等議以山西陝西二省引少而地丁較多河南一省引多而地丁較少若均匀攤派於地丁較多之山陝二省未免向隅或令河南引多地方較現擬地丁每兩均攤九分有餘之数由該省酌量增攤似於調劑之中微寓權衡之道應交三省巡撫會同酌議具奏等因在案今據河南巡撫穆　等會奏稱河南省每年

正賦之外尚有奏明河工歲料幫價及搶險之年加
徵銀数均係按糧攤徵較之他省稍覺繁重所有鹽
課攤数未便過多應照原議均攤九分有餘之数量
增三分有餘每地丁一兩攤徵銀一錢三分其山陜
二省每地丁一兩仍應一律攤徵銀九分九厘零等
語自係就豫省情形通盤籌畫俾攤数雖見加增而
民力仍臻寛裕且核與臣等原議相符應如所奏辦
理至河南本省每年應徵鹽課銀十九萬九千八百
餘兩今攤增銀八萬六千六百餘兩尚有攤剩銀十

一萬三千一百餘兩奏請在於同行河東引鹽之山西陝西二省各屬地丁銀內代為攤徵每兩攤銀九分九厘零是河南一省每地丁一兩均攤鹽課銀一錢三分而山西陝西代河南攤徵鹽課每兩仍不越九分九厘之數所攤亦屬平允應請行令該撫等查明該三省行鹽州縣原徵地丁及現在新攤鹽課各細數分晰造冊送部備核至一切善後事宜該撫等既稱現在酌定章程另行具奏應俟奏到再議為此

謹奏請

旨等因到院行司蒙此該本司道會查得前奉
戶部咨覆河南省具奏河東鹽課改歸山西陝西河
南三省行鹽州縣地丁款內酌擬攤徵一案令將行
鹽州縣原徵地丁及現在新攤鹽課各細數分晰造
冊送部備核等因遵查陝省咸寧等五十五廳州縣
共原徵民屯更地丁起存銀一百四十七萬二千一
百一十三兩八錢九分九厘又額徵鹽課銀一十三
萬二千一十九兩二錢一分六厘內除應免紙價並
餘平銀五百六十八兩一錢九分零實止應徵鹽課

銀一十三萬一千四百五十一兩二分八厘六毫五絲又代攤河南盐課銀一萬四千五百八十六兩一錢二分七厘六毫零二共盐課銀一十四萬六千三十七兩一錢五分六厘每地丁銀一兩攤課銀九分九厘二毫零二忽三微四纖八沙七塵依法核算即合上項二共應攤盐課銀一十四萬六千三十七兩一錢五分六厘之數緣奉咨飭所有咸寧等五十五廳州縣原徵地丁及新攤盐課各細數相應分晰造具額冊詳送察核咨

部並請移咨晉省備查等情到本部院據此除咨
户部外相應咨送爲此合咨貴部院請煩查照施行
准此除冊存案外擬合就行爲此仰司官吏即便知
照毋違

議裁陌底渡巡檢司詳

為遵批議詳事本年十二月十五日蒙

憲臺批據解州稟請將陌底渡巡檢員缺議裁一案緣由蒙批仰布政司會同運司速即查議詳奪繳等因蒙此本司遵查解州所屬之芮城縣陌底渡巡檢相距縣城三十里濱臨黃河向由運司給發循環簿專司稽查引鹽過渡按季具報運司查考並無兼管地方事件令課歸地丁並無引鹽可查是該巡檢即屬冗員與該州所稟無異應請即將該巡檢員缺裁

汰所有該衙門原設皂隸弓兵并船户等役一併請
裁再查此案業經附入善後事宜冊内聲明辦理毋
庸會同運司查議是否有當理合具文詳請
憲臺查核

永濟縣訓導批稟

蒲州府永濟縣訓導劉澧謹

稟

憲臺大人鈞座敬稟者去歲八月内因奉

吉道辦課歸地丁卑職曾以典買鋑票一項稟懇

憲恩格外栽培在案十月初四日接奉

憲批查課歸地丁原屬商民兩便所有該負典買鋑票

應如何安頓之處仰即自行籌議具稟察奪等語捧

讀之下不勝惶恐

憲臺總理鹽政有年利弊無不洞悉卑職微負淺見何
敢稍忝末議所以數月來拳拳於心不敢喋喋於口
也轉企
憲臺虛懷雅量必不以愚昧加譴謹恭陳其大畧舊緣
三省額引係坐商封領皆揭坐商錠名自有運商領
銷坐商額引以來例給坐商銷價銀兩以為澆晒資
本嗣因畦錠重複影射無從稽查是以雍正十二年
程運憲詳明設立隨錠印票以杜詐偽而絕訟端惟
是奉行日久其中有資本缺乏之願將自己錠名隨票

典質於人以顧澆晒者有借貸不出暫將錠票押當於人仍自出息者情形種種原期輪轉不匱今課歸地丁運商撤去錠隨引空銷價無出而畦票相連者雖無銷價猶得以澆晒為業至典置錠票之家忽無銷價已屬難堪再將原價空懸有力者或可別圖生計而書愚窮民祇憑數張錠票以為養命根源者實在窮蹙無生理再四籌酌惟將畦票歸一似覺可行蓋運商雖裁畦地自在將來勢必仍立管業冊簿以杜詐偽若無印票碍難稽查除現在畦票相連者無

庸議外所有典票之家飭令票歸畦主償還典價但
照各原價給償恐難一時凑辦且有一票而轉典數
家者典價多寡隨時不一而牽連多人殊滋煩擾莫
如飭令減價向現在執票之家徑行取贖每票一張
不論原價若干出示曉諭或百兩或八十兩或七十
兩分東中西酌定多寡限定月日一律贖取驗票註
明管業澆晒在畦主當日受典價百數十兩茲僅以
數十兩取贖已屬便宜在執票者雖原數不敷然糊
口有資亦得緩圖生計似屬兩得其平倘畦主有不

遵諭取贖者即將畦地追給執票者管業若執票之家有不遵諭拔贖者即將錠票追給畦主收執至質當錠票一項原係借貸出息自應仍照原本免息清還票歸畦主如此辦理庶畦票永歸畫一稽查甚便而閭城士庶不惟啣結無窮亦且相安無事是否伏

祈

憲臺察奪

批查錠票銷價原為坐商澆晒工本而設自射利者私典錠票侵食銷價遂使坐商澆晒無資於鹽法有損

無益本屬違禁今運商裁撤銷價無出錠票已屬廢紙該訓導乃欲畦主備價贖回只知有已不知有人只知利已罔顧害人設該訓導係屬畦主肯將有用貲財贖無用之故紙耶況典票者自係有力之人以票典人者自屬空乏之家必欲畦主贖回廢紙在無力者固不能贖即有力者亦不肯贖也至所稱畦主如不遵諭取贖即將畦地追給執票者管業尤非情理且查三場中畦地美惡不同上等畦地典賣多易其主現管業者不必即典票之人彼未典票而責令

贖票心豈能甘且下等畦地每歲澆晒無主雖歸於

執票之人而執票者亦不欲有此畦也所禀均屬錯

謬殊難准行此繳

課歸地丁全案卷四

五十七年續增餘引紙硃銀兩在於五十六年公務
項下動支司詳

為衆商等事本年十一月二十七日蒙
憲臺據河東運司詳稱乾隆五十六年十一月十八
日蒙
憲臺抄案内開乾隆五十六年十一月初十日准
户部咨山東司案呈乾隆五十六年九月初八日准
山西巡撫馮　咨稱乾隆五十六年河東額引四十

二萬六千九百四十七道並餘引十萬道業經領發
貯庫現在各商陸續領運所有續增餘引十四萬道
差役轉交代辦山西提塘官文光斗請領以便轉發
行用至乾隆五十七年額餘鹽引因鹽課現已陳奏
改歸地丁完納故不一併請領合并咨明等因前來
應將前項請領乾隆五十六年續增餘引十四萬道
照數給發該提塘領回給商行運外至五十七年額
餘鹽引據該撫聲稱因鹽課現已陳奏改歸地丁完
納故不一併請領等語查本年四月內據該撫咨報

請将原額餘引並續增餘引一併請領經本部覆准並令将五十七年額餘盐引共六十六萬六千九百四十七道一併領回在案是此項引目早經刷印齊全存貯待領所有紙硃銀兩未便短少應咨該撫照數核明俟有便差即令委解清款可也准此擬合就行為此仰司官吏即将前項額餘盐引紙硃銀兩應否照數補解清款之處速即查核辦理毋違等因蒙此本司遵查乾隆五十七年額引四十二萬六千九百四十七道應解紙硃價銀一千二百八十兩八錢

四分一厘餘引十萬道應解紙硃價銀三百兩係隨
五十六年課銀徵收又續增餘引十四萬道應解紙
硃價銀四百二十兩係隨五十七年課銀徵收以上
共應領五十七年額餘引六十六萬六千九百四十
七道應解紙硃銀二千零八錢四分一厘因鹽課現
已
奏准改歸地丁額餘引張毋庸請領經
憲臺咨明
戶部在案所有前項紙硃銀兩本可節省今

大部以此項引目早經刷印齊全存貯待領紙硃銀
兩未便短少應即委解清款等因自應照數補解清
款除五十七年額餘引紙硃銀一千五百八十兩八
錢四分一厘已隨五十六年課銀徵收存貯外其五
十七年續增餘引十四萬道應解紙硃銀四百二十
兩查五十七年鹽課已歸地丁運庫無項可動可否
在於五十六年公務項下動支一併批解之處事關
支款本司未敢擅專理合詳請
憲臺鑒核咨

部俟覆示到日再行遇便詳請搭解為此備由具呈
伏乞照詳施行蒙批仰布政司查議詳奪此繳等因
奉此本司遵查乾隆五十七年額餘引六十六萬六
千九百四十七道奉
部行知以此項引目早經刷印齊全貯庫待領紙硃
銀兩未便短少業經運司查明應即籌項照數委解
清款本司覆查除五十七年額餘引紙硃銀一千五
百八十兩八錢四分一厘已隨五十六年課銀徵收
存貯外其五十七年續增餘引十四萬道應解紙硃

銀四百二十兩無項可動自應在於五十六年公務
項下動支一併批解是否有當理合具文詳請
憲臺察奪
院批
據詳五十七年續增餘引應解紙砝銀兩在於五十
六年公務項下動支批解緣由已悉仰即轉移運司
遵照辦理繳

議覆河東五十七年應需銀兩即在五十六年公務項下動支司詳

為詳請　憲示以便遵行事本年十一月十八日蒙
憲臺批據河東運司詳稱竊查運庫公務項下每年設有各廟祭祀暨各官養廉書役工食並解京各部院飯銀盤費及一切雜費每年共需銀二萬九千二百八十九兩九錢二分九厘此項銀兩向於本年公務項下預徵給發今蒙
憲臺

奏准自乾隆五十七年為始將塩課歸入地丁項下攤
徵所有乾隆五十七年分應需各項銀兩無項可動
可否在於乾隆五十六年公務項下動給抑或由藩
庫支領之處事關支款需用在邇理合詳請
憲臺鑒核入於善後事宜摺內或專案咨
部銃候
憲示遵行蒙批仰布政司速議詳奪繳等因蒙此本
司遵查運庫公務項下每歲設有公用銀兩例於本
年額引公務項下預徵給發今自乾隆五十七年為

始課歸地丁所有五十七年分應需各項銀兩無項
可動自應於五十六年公務項下動給再查此項銀
兩業於善後事宜内分别存裁酌定欵冊其五十七
年分已有酌議應裁各欵即裁缺官役廉食亦俱議
以五十七年十月為期所有五十七年應支各欵應
請
憲臺飭行運司一面按欵隨時動給仍將動支過銀
數逐一造送
憲臺查核至此案業據運司詳明立案無庸議入善

後事宜摺内並無庸專案咨部是否有當理合具文

詳請

憲臺察奪

院批

仰候檄飭運司遵照辦理繳

移飭運商捐輸銀兩咨文

為移請飭辦事竊照河東塩務本年六月間欽奉

諭旨酌議課歸地丁業蒙

撫憲恭摺

奏明辦理在案查河東塩池為天地自然之利關係三省民食必須妥為經理方保無虞是以額設歲修銀五千兩以為修理渠堰禁墻工程之需惟是河東工程繁多額設銀兩每有修理不敷之處且姚暹一渠每屆挑淤大修之年向係各商在於畦地銷價內扣

項公攤今課歸地丁既無運商亦無銷價遇有前項
應修工程經費無出殊於善後之計未周是以本司
前於經過運城時曾經傳諭年季各商令其捐輸銀
十五萬兩生息備用據稱情願捐輸保護鹽池今本
司復加酌核並稟明
撫憲該商等只需捐銀六萬兩每年生息已可敷用
似於商力較為從容況現已
奏明自五十七年為始一切均需預為籌備此項銀兩
自應飭商作速措交以資辦公擬合移咨為此合咨

貴司煩照來文事理希即就近飭商將捐輸銀六萬
兩限於歲內交齊移覆望速竚速

各商加利認繳捐輸銀六萬兩司詳

為呈覆事竊照河東鹽池為天地自然之利關係三省民食必須妥為經理方保無虞是以額設歲修銀五千兩以為修理渠堰禁墻工程之需惟是河東工程繁多額設銀兩每有歲修不敷之處且姚暹一渠每届挑淤大修之年向係各商在於畦地銷價內扣項公捐今課歸地丁既無運商亦無銷價遇有前項應修工程經費無出殊於善後之計未周是以本司前於經過運城時曾經傳諭年季各商令其捐輸銀

十五萬兩生息備用據稱情願捐輸保護盬池嗣經

本司酌核禀明

憲臺該商等只需捐銀六萬兩每年生息已可敷用

似於商力較為從容况現已

奏明自五十七年為始一切均需預為籌備此項銀兩

自應飭商作速措交以資辦公當移運司轉飭遵辦

去後茲准運司咨稱當經本司飭商勒限呈繳去後

茲據商人尉世隆等禀稱緣奉憲札准藩憲移咨於

閤司運商攤派銀六萬兩限歲内交齊觧送藩庫作

為生息以備歲修之用業經按籤分派蒙憲飭差催
繳理應遵限如數繳案以憑解省唯是商等封納本
年課項及節省歸公等銀甫經清楚現在各商號內
並無縣銀且歲內為日無多碍難猝辦竊思此項銀
兩總係生息商等公同酌議情願自認十個月利銀
自五十七年正月起至十月止各按應捐數目每兩
壹分起息限至來歲
奏銷時本利一併封納庶於公私均有裨益為此公懇
恩准據情轉咨施行等情到司據此本司查此項應

捐銀兩原偹生息以作歲修之需今既據該商等以
現處拮据且歲内為日無幾猝難措辦情愿一分起
息認繳十個月利銀緩至来歲
奏銷時本利一併封納前来似應准其一分加息緩至
来歲
奏銷時本利一併清繳以恤商力等因到司准此本司
覆查此項應捐銀兩原偹生息以作歲修之需今既
准運司咨稱該商等現處拮据歲内為日無幾猝難
措辦情願一分起息認繳十個月利銀緩至来歲

奏銷時本利一併封納似應如該運司所請准其一分
加息緩至來歲
奏銷時本利一併清繳以恤商力相應轉詳伏候
憲臺鑒核批示爲此備由呈乞
照詳施行

呈詳運商捐輸銀六萬兩酌派陽曲等三十州縣

為遵批議詳事本年二月十五日蒙

巡撫部院馮　批本司呈詳商捐生息銀兩一案蒙

批據詳各商捐銀六萬兩生息以備盐池歲修額欵不敷等項之用并因猝難措辦情願一分起息認繳利銀緩至今歲

奏銷時本利一併交納之處事屬可行仰即移知運司轉飭各商務於

奏銷將本利一併交清毋稍宕延并將此銀應交何處

生息徵息若干預為詳定可也此繳等因蒙此本司
遵查各商捐銀六萬兩生息以備盐池歲修額欵不
敷等項之用此項銀兩應照銅本生息按月一分起
利酌派陽曲等三十州縣先行飭知俟十月
奏銷後商捐齊全該州縣備文前赴運庫領取分付當
商生息即於十一月起利年終利銀觧交藩庫收貯
以憑轉發辦公其盐商尉世隆等應交十個月利銀
亦按一分生息届期一併觧交藩庫彙總辦理仍飭
各州縣年清年欵不得侵挪借用如該地方官强欲

借用許該商即赴上司衙門稟控如該商通同隱匿
著落賠繳仍將地方官嚴叅治罪是否有當理合具
文詳請
憲臺察核為此備由另冊具申伏乞
照詳施行
謹將派領生息各州縣開後
陽曲縣　太原縣　榆次縣　太谷縣　祁　縣
徐溝縣　文水縣　臨汾縣　襄陵縣　洪洞縣
浮山縣　太平縣　曲沃縣　翼城縣　長治縣

長子縣　屯留縣　襄垣縣　潞城縣　黎城縣
壺關縣　汾陽縣　平遙縣　介休縣　孝義縣
臨　縣　永寧州　鳳臺縣　高平縣　陽城縣
以上酌派三十州縣共應領生息銀六萬兩
院憲馮　批如詳酌派生息仰即轉飭各州縣俟十月
内徑具文批赴運司衙門領取生息餘已悉繳

請將宏運書院師生膏火銀兩在於商捐生息項下
動支

為呈覆事案查乾隆五十六年十二月十五日蒙
憲臺批本司呈准運司咨據各商稟請將捐輸銀六
萬兩情願自認十個月利銀緩至今歲
奏銷時本利一併封納緣由蒙批據詳各商捐銀六萬
兩生息以備鹽池歲修額款不敷等項之用并因猝
難措辦情願一分起息認繳利銀緩至今歲
奏銷時本利一併交納之處事屬可行仰即移知運司

轉飭各商務於
奏銷時本利一併交清毋稍延宕并將此銀應交何處
生息徵息若干預為詳定可也此檄等因蒙此除移
運司轉飭遵照并將應交何處生息及徵息銀數業
經詳奉
憲臺批允在案今本司復查此項銀兩按月一分生
息歲得息銀七千二百兩查鹽池修理除額款不敷
之外應請以五萬兩生息計銀六千兩添補備用遇
有應修要工由河東道勘明詳請動用仍不得動用

本銀其餘一萬兩生息計銀一千二百兩查運城向
有宏運書院師生修脯膏火約需銀一千一百餘兩
又前掌院曹氏祭祀銀六十兩又東西兩關義學館
師束修銀二十四兩向皆出於錠票銷價內今無銷
價應即以此項利銀一千二百兩交河東道樽節動
用年終報銷是否有當理合詳請
憲臺查核批示遵行為此備由呈乞
照詳施行
院憲馮　批所議可行但先據運司議詳宏運書院膏

火之外並無曾氏祭銀及兩關義學經費又另詳請
將各廟祭品香資并會書斗級等役工食亦在此款
支用是否足敷仰再通盤核計另詳察奪繳

議詳龍神廟祭品等銀在於池神廟祭品項下通融

辦理

為詳請　憲示事乾隆五十七年四月二十一日蒙

憲臺批據運司詳請書院經費并樂舞生膏火銀兩

在於商捐生息項下動支緣由蒙批查樂舞生前已

札飭裁汰應毋庸議宏運書院修脯經費一款仰布

政司核議詳奪繳等因又一件詳請　憲示事同日

蒙

憲臺批據運司詳請　龍神等廟祭品及各役工食

銀兩均在商捐生息項下動支緣由蒙批仰布政司
查議詳奪繳等因又一件呈覆事同日蒙
憲臺批本司詳請運司書院膏火曾氏祭祀及兩關
義學經費在於商捐生息款內動支緣由蒙批所議
可行但先據運司議詳宏運書院膏火之外並無曾
氏祭銀及兩關義學經費又另文詳請將各廟祭品
香資并倉書斗級等役工食亦在此款支用是否足
敷仰再通盤核計另詳察奪繳各等因蒙此該本司
查得樂舞生丁祭膏火一項已奉

憲臺裁汰自毋庸議其宏運書院師生修脯膏火約
需銀一千一百餘兩曹氏祭祀銀六十兩又東西兩
關義學館師束修銀二十四兩均在於商捐六萬兩
生息項下動支業經本司呈詳在案至運司議詳運
阜倉倉書斗級工食銀九兩查此項銀兩向在蘆葦
項下動支今因不產蘆葦無項可動在於運司等裁
缺歸公養廉內動支業經附入酌留公用銀兩款冊
內具
奏亦在案所有

龍神池神風洞神香燈祭品等項尚需銀三十餘兩
現在並無可動之項惟查酌留款冊内有三六九等
月朔日祭池神廟豬羊祭品等銀一百四十八兩三
錢三分一項尚可附入通融辦理是否有當相應呈
詳伏候
憲臺鑒奪批示飭遵爲此備由呈乞
照詳施行
院憲馮　批據詳已悉仰即轉移運司知照繳

呈覆内務府飯銀一百兩應在公務項下動給

爲飭議事乾隆五十七年五月初一日蒙

憲臺批據運司議覆應解

内務府飯食銀一百兩請在藩庫本年鹽課内扣解

緣由蒙批

内務府飯食銀一項每年於四月内觧送所有本年

應觧銀兩應於何項動支應否歸入

内閣戸部等項公費銀兩一併批解之處仰布政司

查議詳奪繳等因蒙此遵查

内務府飯銀暨各官養廉書役工食并解京各
部院飯銀盤費及一切雜費每年共需銀二萬九千二
百八十九兩九錢零九厘此項銀兩向於本年公務項
下預徵給發今鹽課歸入地丁自五十七年為始所
有五十七年應需各項銀兩本司無項動支前經詳
請
憲臺飭行運司在於五十六年公務項下按款隨時
動給仍將動支銀數造報
憲臺查核奉批允准在案今奉批議所有

內務府本年飯銀一百兩自應在於五十六年公務
項下動給無庸另議相應再行詳請
憲臺飭行運司核欵動給實為公便為此備由具呈
伏乞
照詳施行
院憲長　批仰候飭知運司遵照繳

詳請移咨河陝二省應留觧費脚價銀兩數目

為請咨事竊照原奏酌留河東觧費脚價銀三千五百兩經

大部議令各按攤徵銀數每省應留若干核明送

部并即於冊内聲明如無協撥等項即將當年應留之銀存貯司庫另行報撥等因遵查山西陝西河南叁省共攤徵盐課銀五十一萬三千六百八十三兩三錢一分六厘攤入觧費銀三千五百兩計筭每盐課一兩應分攤觧費銀六厘八毫一絲三忽五微四

織山西省葢課銀二十八萬一千一十二兩一錢九分零共應留解費銀一千九百一十四兩六錢八分七厘陝西省葢課銀一十四萬六千三十七兩一錢五分零共應留解費銀九百九十五兩三分河南省葢課銀八萬六千六百三十三兩九錢七分零共應留解費銀五百九十兩二錢八分三厘合將三省應留解費銀數詳請
憲臺洛移
陝西河南撫憲查照即在本省藩庫徵收葢課項下動支

如無協撥等項存貯另行報撥并請咨覆以便造冊

詳請咨送

大部實為公便為此備由具呈伏乞

照詳施行

院憲長　批仰候分咨候覆到飭遵繳

運司詳定攤捐歲修銀五千兩章程

為詳明歲修銀兩事乾隆五十七年四月初九日蒙
巡撫部院馮　札開據布政司詳稱河東歲修渠堰一欵經部議應令坐商照數交納河東道庫銀五千兩以備歲修之用等因查河東鹽□□東西三場情形不一東為上中次之西為下今以歲修銀五千兩責令坐商照數封納應即按畦酌分上中下三等東場共畦二百六十六號應定為上等中場共畦一百五十五號應定為中等西場共畦一百六十四號應

定為下等再查歲修渠堰向設查工飯食銀八十兩
亦在公務項下動支今應亟於三場畦地内連歲修
銀五千兩按數核攤上等每畦約攤銀十三兩中等
每畦約攤銀六兩七八錢下等每畦約攤銀三兩五
六錢總計足數五千零八十兩之數而止不得絲毫
加派浮收又查三場中一場畦地復各有美惡不齊
東場為上等間有次畦亦准列為中等中場為中等
間有上畦仍應列為上等至西場盡屬下畦均應列
為下等更有不堪澆晒之畦碍難派出工費應即扣

除在於現晒各畦内均攤等情據此查立法之初辦理不厭詳慎其畦地等差攤數多寡究應如何區別方為妥協公允之處合行飭議札到該司立即傳齊各坐商公同酌議章程務期妥協公允詳候核奪其本年應需修理銀兩俟議定章程限於五月内交納全完五月以前遇有應修要工先行借項修理俟該坐商封納齊全再行歸款毋違等因蒙此本司遵查三場畦地高下懸殊若攤派不均非特致有偏枯抑恐難以催徵倘或缺額於工程頗有關係查藩司原

議分為三等攤銀之處雖屬公允但近年各畦産盐多寡與從前大不相同上等畦地每年可刮盐四五十名及七八十名不等攤銀十三兩未免過少下等畦地每年僅刮一二名不等攤銀三兩五六錢似覺太多本司再四籌酌唯以收盐之多寡酌分畦地之等差定為三年比較之法庶各坐商無從藉口而將來仿照辦理亦可杜畸輕畸重之端隨吊查乾隆五十四五六年各畦刮盐底冊傳集知事大使各員公同核對其畦地之高下攸分即銀數之多寡以定統

計額餘畦五百八十五號外加東阡鋪張春元新闢一號共五百八十六號分為六等每號畦地刮盐四五十名以上者列為一等攤銀四十二兩二錢九分刮盐二十名以上者列為二等攤銀二十四兩刮盐十名以上者列為三等攤銀十二兩刮盐五名以上者列為四等攤銀四兩六錢刮盐不及二三名者列為五等攤銀一兩七錢其西場等處地氣衰竭数年来並未産盐之畦列入六等免其攤派總共派銀五千零八十兩約計刮盐一名出銀不及一兩並無太

過不及之弊唯查畦地衰旺無常碍難一定此次酌定章程應令每年於九月收場後將連前二年收刮鹽数查對比較遇有豐嗇不同即随時升降核定應攤銀数與歲修原額相符先期列榜曉諭衆共見聞俾吏胥無從高下其手仍定期於每年二月前徵收完竣以便興工開晒似屬公私兩便至本年定議已在四月遵照憲札諭令各坐商於五月內交納全完以備工程應用亦於公事不致有悮再查運城五方雜處往往有外州縣民人在此置買畦地輪值現年

得價粿晒與人而本人安居原籍或畦主雖係土著
解安之人有將畦地粿晒後因而遠出者亦復不少
若行令畦主納銀殊多未便所有應出銀兩應統著
三場現晒之商無論已業租粿既收盐斤即令完課
自屬公允如此分晰攤徵較為妥協且可免無著之
虞本司定議後復傳集三場各坐商當堂酌議一一
諮諭俱各輸心允服似屬經久可行理合將查議緣
由並造具畦地分等派銀花名清冊詳請
憲臺鑒核批示飭遵再冊內所開雙號畦地係照産

盐數目列等毋庸分爲二號致滋牽混合併聲明爲
此備由具呈伏乞
照詳施行
院憲馮　批如詳行仍俟捐繳齊足之日會同藩司河
東道詳請咨
部立案繳册存

呈覆坐商攤捐歲修銀五千兩毋庸咨部立案

為遵札查覆事乾隆五十七年五月初一日蒙
憲札飭令將塩池攤捐歲修銀兩一款應否咨
部立案即行申覆等因蒙此遵查原奏歲修銀五千
兩由藩庫塩課項下動支前奉
大部議以塩池畦地係坐商世業應令該坐商自行
捐輸照數交納河東道庫以備歲修之用無庸動支
塩課並無報
部查核之語誠如

憲諭事由捐辦似可不咨應請無庸咨
部立案今蒙札查除移運司河東道知照外擬合查
明詳覆
憲臺查考並請札飭運司將酌議坐商如何攤捐歲
修銀兩章程照造清冊移咨本司暨河東道立案辦
理實為公便為此備由具呈伏乞
照詳施行
院憲馮　批據詳已悉仰候札飭運司抄案移知繳

請將運司快皂各役工食銀兩再行咨部核示

為再行詳請咨覆事竊照河東道移駐運城前奉
部議於原奏酌留運司書役一款准其酌留書辦十
名禁卒四名以資辦公在案其快皂各役緣原奏內
未經聲註各役名數是以
大部未經議及伏查運司快手十二名額編工食銀
七十二兩皂隸十二名額編工食銀七十二兩此項
人役有應辦事件似應與書辦等一並酌留以供差
遣復經本司詳請咨

部亦在案今部文內仍未示明相應再行詳請
憲臺咨明
大部是否應留核示飭遵以便分晰造冊申送為此
備由具呈伏乞
照詳施行
院憲馮　批仰候查照前詳咨
部俟覆到日飭遵繳

部覆酌留快皂各役并工食等項均各議准

為詳請等事乾隆五十七年九月十五日准

户部咨山東司案呈乾隆五十七年七月十六日准

山西巡撫長　咨稱河東盐課改歸地丁攤徵善後

事宜案内運司快皂各役一款有原設快手十二名

工食銀七十二兩皂隸十二名工食銀七十二兩向

由安邑縣在於藩庫額編項下請領轉解運司給發

按年報銷今盐務改歸河東道兼管此項人役應請

仍留以資巡查所需工食照舊支給又酌留運學書

後一款查運學原設書辦一名飯食銀十二兩向在
運庫公務項下動支前准部咨業將該學書議留所
需飯銀照舊造入酌留公用冊內又原設門斗三名
工食銀十八兩齋夫三名工食銀十八兩膳夫二名
工食銀十三兩三錢三分三厘向由安邑縣在於藩
庫額編項下請領轉發該學給發今該學教官跬裁
而文武學額如故是以前請將該役等與學書一名
一併存留以資辦公工食銀兩照舊支給又照充鹽
牙名數一款查河東舊有鹽牙行不領牙帖向係該

牙等任便説合並不赴官具報姓名原奏設立盐牙
由河東道點充今河東道尚未移駐運城並無點充
盐牙名数無可造報應俟十月後該道移駐運城再
行查取點充名数造冊報部以上三款縁奉飭查理
合逐一登覆等因前來查運司衙門原設快皂運學
原設書辦門斗齋夫膳夫各名数前據該撫咨請存
留以資巡查辦公均經本部准其照舊存留外所有
各役等工食共銀一百九十三兩三錢三分三厘向
在藩庫額編項下領解給發之處付查山西司覆稱

均與奏銷冊報銀数相符其運學書辦飯食銀十二兩與另案咨准銀数亦屬符合均毋庸議至設立塩牙名数一款該撫既稱俟本年十月河東道移駐運城時再行點充報部等語應咨該撫届期飭取該牙等認充并地方官印甘各結由該道加結送部聽核可也准此除行河東道辦理外擬合就行為此仰司官吏即便遵照毋違

詳請咨部徵收盐課奏銷期限

為詳請咨明事竊照盐課一項前奉

部議自乾隆五十七年改課歸丁仍應年清年款隨

同地糧一體徵收各解本省藩庫奏銷之期另款題

銷等因在案本司遵查河東徵收盐課例於次年十

月内運司詳請具

題今改歸藩庫随同地糧一體徵收所有奏期自應五

月内随同地糧奏銷之時另款報銷俾無牽混合將

盐課奏銷限期詳請

憲臺咨明

大部俟覆到日以便請咨

陝西河南撫憲一體辦理實為公便為此備由具呈伏乞

照詳施行

部議應留應裁各款查明另造送核

為咨送事乾隆五十七年四月二十四日准

户部咨山東司案呈先准山西巡撫馮　等奏辦河東收課歸丁善後事宜案内酌留公用銀二萬一千六百五十六兩零酌議裁減銀一萬六千二十六兩零現在分别造具細册咨部統俟覆准後將酌留銀兩造册立案由河東道在於藩庫徵收鹽課項下照數支發如有節省充公經大學士九卿等議以前項公用銀兩除歲修渠堰銀五千兩飭令坐商按年六

納與修應毋庸議外其餘酌留銀兩應俟該撫造冊報部到日再行核議等因去後今據該撫冊報內開飯銀等項應留銀二萬一千六百五十六兩六錢六分七厘一毫零奏銷雜費等項應裁銀一萬六千二十六兩八錢九分八毫並聲明應留款內有解費腳價銀三千五百兩以為撥解協餉木鞘鉄箍並押解官役盤費腳價之需今應仍留分歸晉秦豫三省藩庫各按攤徵鹽課銀數多寡實用實銷節省歸公再鹽課已歸地丁應解元寶過撥京餉照例每千兩隨

解飯食銀十兩即在鹽課項下動支等語本部查該
撫冊報應留應裁各總數均與原奏相符但查酌留
銀內如歲修渠堰銀五千兩原奏已令坐商交納又
運學教授訓導養廉共銀二百兩原奏已經議裁其
養廉應歸節省又學書飯食銀一十二兩看廟學泉
斗子工食銀九兩原奏已令該撫應否酌留酌減之
處妥議報部應俟造報到日核覆外其餘應留銀一
萬六千四百三十五兩六錢六分七厘應准其照數
存留造報核銷並將此內應需解費脚價銀三千五

百兩各按攤徵鹽課銀數每省應留若干核明送部
並即於冊内聲明如無協撥等項即將當年應留之
銀存貯司庫另行報撥至所稱鹽課已歸地丁遇撥
京餉應解元寶照例每千兩隨解飯食銀十兩之處
應如所咨辦理所有應裁銀一萬六千二十六兩八
錢九分一厘並令該撫轉飭所屬統同議裁渠堰等
項及現准存留各銀兩一併核明另冊造報再查撥
裁款内有繳都察院循環簿四本共銀八十八兩相
應移咨都察院查照又查尾數在五毫上下者例應

歸減今查裁留各欵總數内仍有絲毫尾数本部業
經照例更正相應一併咨覆該撫可也准此擬合就
行為此仰司官吏查照咨文内事理並將尚有應議
欵項核明另造妥冊詳請咨覆毋違

遵照部議分別存裁另造清册詳請咨部

為遵照部議再行詳請咨部核覆事竊照河東鹽務裁改前經議留内閣飯食等項銀二萬一千六百五十六兩六錢六分七厘一毫議裁奏銷雜費等項銀一萬六千二十六兩八錢九分八毫造册送部經部議覆查該撫册報應留應裁各總數均與原奏相符但查酌留銀内如歲修渠堰銀五千兩原奏已令坐商交納運學教授訓導并養廉銀二百兩原奏已經議裁其養廉應歸節省又學書飯食銀廿二兩看廟學

泉斗子工食銀九兩原奏已令該撫將應否酌留酌
減之處妥議報部應俟造報到日核覆其餘應留銀
一萬六千四百三十五兩六錢六分七厘應准其照
數存留造報核銷等因奉
院飭行到司本司隨查歲修渠堰銀五千兩教授訓
導養廉銀二百兩二共銀五千二百兩應遵部議統
歸節省其學書飯食銀十二兩看廟學泉斗子工食
銀九兩該學書等有經管文卷看守學廟之責是以
前經議留應請仍留附入存留款冊以資辦公惟是

前造公用銀兩冊內有查工飯食銀八十兩因歲修
渠堰銀兩既經議裁查工飯食一併裁省又商籍武
童考試設立蓬厰銀一十兩七錢五分因商籍童生
既歸安邑縣考試蓬厰銀兩並應裁省是以前奉部
議另造公用銀兩款冊寔只留銀一萬六千三百六
十五兩九錢一分七厘一毫八絲今部覆內開留銀
一萬六千四百三十五兩六錢六分七厘係將議留學書
飯食並看廟學泉斗子工食二共銀二十一兩未經
算入而以裁查工飯食考試蓬厰二共銀九十兩七

錢五分算入留数以致数目不符事關錢糧未便稍
有錯訛相應遵照部議分别存裁另造清冊其三省
解費脚價並遵部議各按攤徵鹽課銀数多寡分别
每省應留若干逐一聲註款冊理合具文詳請
憲臺查核咨
部請示以便遵行為此備由另冊具申伏乞
照詳施行

陝西巡撫秦　具奏陝西辦理鹽務鹽價平減情形

為陝西等事乾隆五十七年四月十八日准

戶部咨山東司案呈內閣抄出陝西巡撫秦　奏陝

省辦理鹽務情形一摺乾隆五十七年三月二十六

日奉

硃批嘉悅覽之有旨諭部欽此又同日奉

上諭秦承恩奏陝省辦理鹽務情形一摺據稱該省遵照

新定章程以來西安同州兩府屬鹽價較之往日每斤

約減錢二文興安商邠等府州屬程途較遠鹽價亦有

減無增各糧戶以買鹽所減之錢完納所增些微之額
課當省盈餘等語覽奏嘉悅河東鹽課改歸地丁一事原
期商民兩便利歸於下使貧富均沾實惠自改行以來
陝省西安等府州鹽價既已減落可見調劑得宜其效
立應況鹽斤為閭閻每日必需之物價值既減則小民
每日皆有節省而應攤鹽課每年祇交納一次以日日
節省之數完一年應攤之課其盈餘不可勝計昨經面
詢馮光熊蔣兆奎僉稱本年晉省自弛鹽禁後察訪各
行鹽處所價值俱已減落民間毫無攤課之累而有食

賤之利今秦承恩所奏陝省情形又復相同是盐課改歸地丁洵屬有利無弊豫省州縣内亦有行銷河東盐斤之處自已一律奉行何以穆和藺並未將該省情形據實具奏即前日該撫来行在迎駕召見時因加恩寛免展限積欠未暇問及此事著穆和藺將豫省盐價現在如何減落及商民均有利益之處確切查明即行明白奏覆以慰廑注秦承恩摺並著發交穆和藺閲看該部知道欽此欽遵於四月初二日抄出到部相應抄録原奏行文山西巡撫遵照可也准此擬合就行為此

仰司官吏即便欽遵毋違計粘单一紙

陜西巡撫臣秦承恩跪

奏為陜省辦理塩務情形恭摺奏

聞仰祈

聖鑒事竊照陜西咸寧等四十四廳州縣向来買食河東池塩商運商銷鳳翔等九州縣買食花馬池塩領銷河東引張上年議將河東塩引概行停止塩課歸入地丁銀内攤徵自乾隆五十七年正月為始令各屬民人自行販運銷售由山西撫臣馮光熊會同臣與

河南撫臣穆和藺籌酌事宜恭摺具
奏奉准部覆在案臣因章程新定遠近未能周知當即
廣為出示曉諭商民人等趕緊買運鹽斤以資接濟
並嚴飭關隘兵役不許藉端留難兹查入春以來本
處及外來貿易之人俱各爭先趨運現在西安同州
兩府屬鹽斤頗為充裕較之往日每斤約減錢二文
興安商邠乾等府州路途亦較遠亦俱陸續運到價
值皆有減無增此時章程既定將來源源接續自不
致有缺乏居奇之事至課銀攤入地丁均於易知由

单内載明数目不使稍有牽混而各花户以買塩所
減之價完納塩課尚有盈餘無不踴躍輸將臣仍嚴
飭各地方官毋許書役人等重徵加耗務期有利無
弊可以永遠遵行仰副
聖主調劑民食清釐鹺政之至意理合恭摺奏
聞伏乞
皇上睿鑒謹
奏乾隆五十七年三月二十六日奉
硃批嘉悦覽之有旨諭部欽此

巡撫馮　奏報鹽價平減池鹽廣銷情形

奏為

奏報鹽價平減暨池鹽廣銷情形仰祈

聖鑒事竊臣會同河南陝西撫臣遵

旨議

奏河東鹽課攤入地丁章程於本年正月二十一日接准

部覆當即行司轉飭各屬一體遵照辦理並飭於奉

文三月後各將鹽價是否減落奉行有無成效之處

申報查核茲已屆期據各屬陸續呈覆前來臣查核

晋省自課歸糧輸盐聽民運之後隨人得以販運隨地可以銷售而居奇昂價之弊不禁自杜所有向食河東池盐各屬現在盐價較之從前賣價每斤減少錢三四文至六七文不等人皆稱便即向食土盐蒙古盐地方亦因私盐弛禁隨處堪以買食並得每斤減價二三四五文不等是攤課之舉數月以來奉行已有成效臣復飭查盐池發販盐數據該運司稟稱

硃批

自二月初一日民運起三省販户運去盐斤車載騾駝絡繹不斷截至四月底止核計發販盐斤較往年此處有旨

商運之數多至加倍有餘等語伏查池產廣銷則民
間鹽多鹽多則價日平自屬相因而致臣體察現在
情形實足仰副
聖主惠愛羣黎利歸於下之至意除仍隨時嚴密查察不
硃批　此為最要
許官吏差役人等稍滋需索阻挠等弊俾池鹽益得
流通閭閻永資利賴所有臣查明鹽價平減及池鹽
廣銷緣由理合恭摺奏
聞伏乞
皇上睿鑒謹

奏

乾隆五十七年閏四月十六日具奏本月二十六日

奉

硃批該部知道欽此

河南巡撫穆　具奏鹽價減落情形

奏為豫省鹽課改歸地丁以後民販流通鹽價平減行

之有效據寔奏

聞事竊照豫省應完河東鹽課改歸地丁一案臣於上年

欽奉

諭旨與山西撫臣馮光熊悉心協議預飭該地方官毋得

稍事阻撓致干叅究迨恭摺會

奏一面檄飭行銷河東引鹽之河南南陽二府汝州陝

州二直隸州暨許州屬之襄城縣遍諭紳士商民俾

知課歸地丁鹽聽民便無論本屬隔屬凡有顧倫資
本赴池營運者務須踴躍爭先切勿遷延觀望自失
利益嗣於本年正月二十九日接准部覆議定豫省
攤徵鹽課銀八萬六千六百餘兩又即行司刊刷簡
明告示剴切曉諭各在案臣留心體訪鹽聽民運洵
屬便民但各屬遵照奉行以後現在販運果否流通
鹽價是否減落均須逐一覈實當經檄行該管知府
直隸州查明據寔禀報去後茲據各府州縣先後禀
稱所屬境内自本年正月以来或殷實大户分起合

夥赴池運鹽或小戶貧民肩挑車載隨便販賣現在城鄉鎮集鹽觔充斥價值減落其距鹽池較近及水路可通處所比較從前原定官價每斤減去制錢七八文道里較遠處所每觔減去制錢五六文即距晉最遠處所亦每觔減去制錢二三四文不等以節省錢文完納課項便益甚多民間無不感頌

皇仁同深歡慶等情稟覆前來臣查鹽課改歸地丁聽民自運晉省既免簽商之累豫省得食價賤之鹽並藉收販鹽之利裨益良非一端業已行之有效臣惟有

督飭各地方官嚴行稽查約束胥役鄉地人等毋得
日久玩生稍滋索擾務使良法美意永遠奉行所有
臣查明現在鹽價減落情形理合據實恭摺奏
聞伏乞
皇上睿鑒謹
奏 乾隆五十七年四月二十九日奉
硃批欣慰覽之欽此
再臣正在繕摺具
奏間恭閱邸報乾隆五十七年四月初六日欽奉

上諭令臣將豫省鹽價現在如何減落及商民均有裨益之處確切查明即行明白奏覆並將秦承恩摺發交閲看等因伏查前奉

諭旨及秦承恩原摺尚未准部行知此案臣因俟飭屬查覆齊全是以具

奏稍遲理合附片聲明謹

奏

上諭藩司蔣兆奎著加恩賞戴花翎

札布政司本年閏四月二十六日承准

軍機大臣寄到二十二日明發

上諭一道

賞藩司蔣兆奎花翎一枝接奉後即遵照賞交藩司蔣兆奎祗領等因內閣乾隆五十七年閏四月二十二日

內閣奉

上諭河東塩務從前僉商承辦徒滋地方官勒索之弊商力屢行疲乏是以議將塩課改歸地丁以期利歸於下

商民交便但立法之初朕尚慮未能立時奏效乃自改定章程以来晉省業已行之有驗而河南陝西二省行銷河東引鹽地方節經穆和藺秦承恩奏稱鹽價日減商民俱獲利益兹又據馮光熊奏現在該省鹽池產鹽旺盛兩三月内發販鹽数較往年多至加倍有餘等語是鹽課改歸地丁一事效驗甚速竟可永遠遵行商民均資利頼矣此議實是蔣兆奎所倡朕不掩人之善是以自甘肅調彼至山西俾身任其事果能實力始終承辦今已見效甚屬可嘉蔣兆奎著加恩賞戴花翎以示

奬勵欽此欽遵承准此合亟札發為此札仰該司即將

發去花翎祗領仍將祗領緣由具覆以便咨覆

軍機處毋違

藩司蔣兆奎爲

賞戴花翎謝　恩摺

奏爲恭謝

天恩事本年閏四月二十六日　撫臣馮光熊宣示

上諭蒙

恩賞臣花翎臣當即跪迎至署恭設香案望

闕叩頭謝

恩祗領訖伏念臣關右寒微至愚極陋荷蒙

簡畀旬宣重寄時切悚惶所有課歸地丁一事臣隨同撫

臣仰體
皇上恤商便民務使利歸於下之至意酌擬課項籌議章
程恭請
聖明裁定臣本無微勞足錄乃蒙
溫綸垂奬
異數優頒祇領之下感慚交集惟有益殫敬慎倍矢愚誠
硃批勉之
辦理諸事實心實力以冀仰報
聖主高厚鴻慈於萬一所有臣感激下忱理合恭摺具
奏叩謝

天恩伏乞
皇上睿鑒謹
奏　五月十六日奉到
硃批覽欽此

詳覆奉發花翎欽遵祇領

為詳請咨覆事乾隆五十七年閏四月二十六日蒙

巡撫部院馮　憲札内開本年閏四月二十六日承

准

軍機大臣寄到二十二日明發

上諭一道

賞藩司蔣兆奎花翎一枝接奉後即遵照賫交藩司蔣兆

奎祇領等因内開乾隆五十七年閏四月二十二日

内閣奉

上諭河東鹽務從前僉商承辦徒滋地方官勒索之弊商力屢形疲乏是以議將鹽課改歸地丁以期利歸於下商民交便但立法之初朕尚慮未能立時奏效乃自改定章程以來晉省業已行之有驗而河南陝西二省行銷河東引鹽地方節經穆和藺秦承恩奏稱鹽價日減商民俱獲利益茲又據馮光熊奏現在該省鹽池產鹽旺盛兩三月內發販鹽數較往年多至加倍有餘等語是鹽課改歸地丁一事效驗甚速竟可永遠遵行商民均資利賴矣此議實是蔣兆奎所倡朕不掩人之善是

以自甘肅調彼至山西俾身任其事果能宣力始終承辦今已見效甚屬可嘉蔣兆奎著加恩賞戴花翎以示獎勵欽此欽遵承准此合亟札發為此札仰該司即將發去花翎祗領仍將祗領緣由具覆以便咨覆

軍機處毋違計發花翎一枝等因蒙此除將奉發花翎欽遵祗領外擬合具文詳請

憲臺咨覆

軍機處為此備由呈乞

照詳施行

院憲長　批仰候咨覆

軍機處此繳

巡撫馮光熊覆奏鹽務前後實在情形

奏爲遵

旨查明據實覆奏事本年閏四月二十六日承准大學士

公阿　大學士伯和　字寄内開閏四月二十一日

奉

上諭馮光熊奏晉省自鹽課改歸地丁之後鹽池發販鹽

斛自本年二月初一日起至四月底止較往年多至加

倍有餘等語向來晉省行銷引課未能辦理裕如總以

該處鹽池産鹽不能旺盛爲辭自課歸糧輸鹽聽民運

之後商販絡繹兩三月販運之數較前竟多至加倍有
餘是鹽池所產鹽斤本為旺盛從前鹽歸官辦商課不
能如期輸納加以地方官派商勒索商人視為畏途遂
以鹽池產鹽不旺藉詞卸責今將鹽課改攤地丁不歸
地方經理該省即以鹽池產鹽旺盛具報前後情形是
否如此著馮光熊查明據實覆奏至此事既已行之有
效利歸於下自應使鹽斤販運流通俾閭閻永資利賴
並著該撫隨時督飭嚴查毋任官吏胥役等從中滋弊
致有需索阻撓之事此為最要此事所辦實蔣兆奎之

力已加恩矣將此諭令知之欽此欽遵寄信到臣臣查
盐池出產盐数每年
奏報一次溯查乾隆五十四五六年
奏案冬底俱有積餘盐斤是近年池產尚非不旺而河
東運商自乾隆四十七年經前撫臣農起
奏明停僉以後地方官無從藉僉勒索滋弊祇以商力
硃批
疲乏課項不能如期輸納（未必）領引支盐不免遲滯又盐
與引不許相離必須彙集成數方能搭配駝載各赴
口岸行銷且地方不肖官吏不無需索誠有如

聖明洞鑒者是以每歲銷鹽僅能及額今自課歸糧輸之

硃批：後人人皆得販運既無守候又（好）無限制背負肩挑各隨其便且聽其所之非比商運定有口岸不准通融銷售是以轆轤轉運較從前商運鹽數多至加倍有

硃批：如此則改課之事尚為辦遲矣。

餘而鹽價亦漸減落此今昔不同之實在情形也第法期於久而勿替弊懼其革而復滋臣斷不敢因目前既有成效稍存疎懈惟有督率司道隨時嚴密察查不許官吏差保人等少有需索阻撓俾池產鹽得流通閭閻永資利賴以仰副

聖主惠愛黎元務使利歸於下之至意所有臣遵
旨查明緣由理合據實繕摺覆
奏伏乞
皇上睿鑒再藩司蔣兆奎荷蒙
恩賞花翎臣謹已發交該司祗領合併陳明謹
奏　乾隆五十七年五月十五日奉
硃批覽欽此

上諭藩司蔣　陞任山西巡撫

為欽奉

上諭事乾隆五十七年十二月十八日准

兵部火票遞到

吏部咨乾隆五十七年十二月十二日奉

旨諭福崧著來京候旨所有浙江巡撫員缺著長麟調補

向来山西巡撫係兼提督職銜用武職頭品頂帶補服

今長麟調任浙江著加恩仍帶一品職銜並准用文職

補服蔣兆奎著補授山西巡撫所遺山西布政使員缺

著善泰補授其山西按察使員缺著祖之望補授欽此

准此擬合就行為此仰司官吏該城守尉撫管職即便移行所屬一體知照知照移行右營一體知照

毋違

行布按二司城守尉中軍官

准此相應移咨為此合咨

貴將軍都統院請煩查照施行

本提督衙門轉移太大二鎮施行

右咨

綏遠城將軍

總統察哈爾八旗張家口都統

歸化城副都統

山西學院

本　提　督

准此相應照會前去知照施行

右　照　會

殺虎口監督

巡撫蔣兆奎謝　恩摺

奏為恭謝
天恩仰祈
睿鑒事本年十二月十四日奉撫臣長麟傳宣
上諭浙江巡撫員缺著長麟調補蔣兆奎著補授山西巡撫欽此竊臣一介庸愚仰蒙
皇上逾格殊恩由教諭洊至藩司涓埃未報夙夜懷慚茲
復荷
恩綸陞授巡撫聞

命自天感悚無地並於十五日准撫臣長麟委員將巡撫
關防提督印信暨
王命旗牌書籍文卷等項移送前來臣當即恭設香案望
闕叩頭祗領任事訖伏念封圻重寄負荷為難且山右界
連邊要蒙古旂民錯處其間治理非易臣自顧才疎
深懼弗克勝任惟有隨事隨時竭盡駑駘以冀仰副
高厚鴻慈於萬一除循例恭疏
題報外所有臣感激微忱及接篆任事日期理合繕摺
恭謝

天恩伏乞
皇上睿鑒謹
奏　乾隆五十七年十二月二十七日奉
硃批諸凡勉力爲之欽此

巡撫蔣兆奎覆奏季運司未能即行進京摺

奏為欽奉

諭旨恭摺覆

奏事本年正月初十日承准大學士公阿　大學士伯

和　字寄乾隆五十八年正月初六日奉

上諭山西鹽課改歸地丁所有鹽運使一缺早經裁汰該

運使季學錦自應交代完竣即行來京候補乃遲至一

年之久尚未進京殊不可解豈該員經手錢糧事件尚

有未清或戀山西而不思另補耶著傳諭蔣兆奎即將

該員因何遲延逗遛之處查明據實覆奏催其來京將
此諭令知之欽此遵
旨寄信到臣查河東鹽課改歸地丁運司一缺應行裁汰
惟各商應完五十六年額餘課項例於五十七年十
月奏銷尚需運司經理季學錦應俟五十七年十月
奏銷後始能裁撤經前撫臣馮光熊於善後事宜摺
內
奏明在案去年十月奏銷完竣運司季學錦經手錢糧
事件無不清楚原欲交代移駐運城之河東道和明

即行進京緣和明在省署理臬篆其河東道印務係
候補知府高璨暫行護理當更改章程之時必須季
學錦遂一交代和明接辦方為妥協經前撫臣長麟
於去年十一月盤查運庫錢糧摺內附奏仰懇
聖恩俯准將運司季學錦暫留數月俾河東道和明回任
後得以一手交代於十二月十一日欽奉
硃批知道了欽此行知在案嗣因臣陞任巡撫藩篆乏員
署理經臣
奏委和明兼署現在新臬司祖之望已經蒞任新任藩

司善泰開印後即可抵晉臣一俟善泰到省即令和
明交卸藩篆迅回運城與運司季學錦交代即催其
赴京不使稍有遲延逗遛所有運司季學錦未能即
行進京緣由謹恭摺覆
奏伏乞
皇上睿鑒謹
奏　乾隆五十八年正月二十二日奉到
硃批究屬戀棧也欽此

巡撫蔣兆奎具奏運司季學錦交卸起程日期

奏為奏

聞事竊照河東鹽課改歸地丁鹽官裁撤將河東道移駐

運城前經

奏明在案今河東道和明已由省回任於二月十二日

移駐運城與運司季學錦將庫貯錢糧並一切文卷

等項交代清楚具結詳報運司季學錦交卸後即起

程來省臣現在給咨令其迅速進京赴部引

見候

旨簡用除將運司以下各印記一併封固咨繳禮部查銷
並將交代冊結咨送戶部外所有塩官盡行裁撤河
東道業已移駐運城及運司季學錦起程赴京緣由
謹繕摺奏
聞伏乞
皇上睿鑒謹
奏　乾隆五十八年三月初六日奉
硃批知道了欽此

巡撫蔣兆奎奏裁陌底渡巡檢

奏為請裁巡檢員缺仰祈

聖鑒事竊查解州屬之芮城縣陌底渡濱臨黃河向因河東引盬行銷河南內鄉盧氏靈寶三縣設立巡檢一員凡遇運盬渡黃責成該巡檢稽查驗放有無私盬夾帶偷渡情弊今河東盬課改歸地丁盬聽民運是該巡檢既無運盬可查此外亦無應管事件係屬虛設臣於籌辦盬務時即議請裁汰經前撫臣馮光熊以襄垣縣之虒亭驛距城六十餘里遇有接遞人犯

恐該縣未能兼顧意欲將陌底渡巡檢移駐榹亭作
為驛丞批司核議臣於藩司任內查明榹亭原設驛
丞因該處並非衝途已經裁汰未便復設議詳復經
前撫臣長麟以陌底渡巡檢雖無運鹽可查但渡口
往来人衆自應專員稽察批駁再行查議茲據解州
查明陌底渡離縣城僅三十里一切稽察易周並非
鞭長莫及由藩臬兩司詳請裁汰前来相應
奏明請將陌底渡巡檢一缺裁去所有該巡檢每年應
支養廉銀六十兩俸薪銀三十一兩五錢零皂隷二

名工食銀一十二兩均飭令芮城縣歸於每年地丁
耗羨項下報解原設巡檢衙署拆估變價解司充公
至巡檢印信俟部覆到日照例繳銷再裁缺巡檢高
峒係以吏目借署巡檢之員該員人頗明白辦事亦
勤請留於晉省遇有相當缺出酌量咨部補用為此
恭摺具
奏伏乞
皇上睿鑒訓示謹
奏　乾隆五十八年正月二十七日奏二月十一日奉

硃批該部議奏欽此

覆奏五十七年攤課全完夾片

再河東盐課攤歸地丁徵收以乾隆五十七年為始所有晋省五十七年應徵盐課銀二十八萬一千零一十二兩零各屬百姓以盐聽民運價值較前頓減大有利益分攤課銀本屬有限無不踴躍輸將早已掃數全完現據藩司詳報俱經各州縣陸續觧到收貯司庫並無絲毫掛欠除將盐課隨地丁奏銷另疏

題報外謹附片奏

聞謹

奏　五月二十一日具奏六月初八日奉
硃批好知道了欽此